普通高等学校"十三五"省级规划教材

电子信息类专业实验教程
计算机软件分册

总 主 编　陈得宝
主　　编　王江涛
副 主 编　周　正　单　巍
编　　委　周　正　张亚萍　单　巍
　　　　　王江涛　张　远　窦德召
　　　　　姜恩华　崔少华

中国科学技术大学出版社

内 容 简 介

本书是电子信息类专业软件方面的实验教材,主要介绍了高级语言程序设计、工程制图、MATLAB 程序设计、通信系统仿真和数字图像处理等相关实验。既有验证性实验、设计性实验,也有综合性实验。实验分实验目的、实验仪器、实验内容、实验原理、实验步骤、实验报告和思考题等内容。多数学生可通过自学完成实验课程的基本实际操作、常用仪器仪表的使用,以及程序调试等任务,提高自学能力、动手能力和综合实践能力。

本书适合作为高等院校计算机软件方面课程的实验教材,也可供相关专业读者学习参考。

图书在版编目(CIP)数据

电子信息类专业实验教程.计算机软件分册/王江涛主编.—合肥:中国科学技术大学出版社,2018.12(2020.8 重印)

ISBN 978-7-312-04382-6

Ⅰ.电⋯ Ⅱ.王⋯ Ⅲ.① 电子信息—实验—高等学校—教材 ② 软件—实验—高等学校—教材 Ⅳ.① G203-33 ② TP31-33

中国版本图书馆 CIP 数据核字(2018)第 017724 号

出版	中国科学技术大学出版社 安徽省合肥市金寨路 96 号,230026 http://press.ustc.edu.cn https://zgkxjsdxcbs.tmall.com
印刷	安徽省瑞隆印务有限公司
发行	中国科学技术大学出版社
经销	全国新华书店
开本	710 mm×1000 mm 1/16
印张	8
字数	157 千
版次	2018 年 12 月第 1 版
印次	2020 年 8 月第 2 次印刷
定价	25.00 元

前　言

实验是电子信息类专业教学的一个重要环节,其作用是帮助学生巩固和加深课堂教学内容,提高实际操作技能,培养科学作风,为学习后续课程和从事实践技术工作奠定基础。为适应高等院校培养应用型人才和教学改革不断深入的需要,我们在多年教学实践和教学改革的基础上,编写了这本电子信息类专业的实验指导书。

本书获批为安徽省规划教材,是工科"电子信息类计算机软件"系列课程的实验指导书。内容涉及高级语言程序设计、工程制图、MATLAB 程序设计、通信系统仿真和数字图像处理等实验,共选编实验项目 49 个。所有实验项目均配有相应的实验原理,利于学生预习实验,以更好地掌握相关知识。

本书编写力求理论联系实际,使学生能受到计算机软件系列课程的基本技能训练,以培养学生分析问题和解决问题的能力。本书由淮北师范大学物理与电子信息学院电子信息系组织编写,其中"高级语言程序设计实验"由周正、张亚萍、单巍、王江涛编写,"工程制图实验"由张远、窦德召编写,"MATLAB 程序设计实验"由姜恩华编写,"通信系统仿真实验"由崔少华编写,"数字图像处理实验"由王江涛编写,全书由王江涛统稿并担任主编。

限于时间和编写水平,书中难免存在不妥之处,恳请读者批评指正。

编　者
2018 年 12 月

目　录

前言 …………………………………………………………………………（ⅰ）

第一章　高级语言程序设计实验 ……………………………………………（1）
　实验一　　VC++ 6.0集成开发环境 ……………………………………（1）
　实验二　　基本数据类型 …………………………………………………（2）
　实验三　　运算符和表达式 ………………………………………………（3）
　实验四　　输入/输出函数 …………………………………………………（4）
　实验五　　顺序结构程序设计 ……………………………………………（5）
　实验六　　选择结构程序设计 ……………………………………………（6）
　实验七　　循环结构程序设计（Ⅰ） ………………………………………（7）
　实验八　　循环结构程序设计（Ⅱ） ………………………………………（8）
　实验九　　一维数组 ………………………………………………………（9）
　实验十　　二维数组 ………………………………………………………（10）
　实验十一　字符数组 ………………………………………………………（11）
　实验十二　函数的定义及调用 ……………………………………………（12）
　实验十三　函数的嵌套和递归调用 ………………………………………（13）
　实验十四　指针的基本操作 ………………………………………………（14）
　实验十五　通过指针对一维数组进行操作 ………………………………（18）
　实验十六　通过指针对字符串进行操作 …………………………………（21）
　实验十七　通过指针对二维数组进行操作 ………………………………（23）
　实验十八　结构体与共用体 ………………………………………………（25）
　实验十九　结构体数组 ……………………………………………………（27）
　实验二十　使用指针处理链表 ……………………………………………（28）
　实验二十一　文件基本操作 ………………………………………………（29）
　实验二十二　文件高级操作 ………………………………………………（30）

第二章　工程制图实验 ………………………………………………………（32）
　实验一　　AutoCAD的启动、菜单结构及基本命令练习 ………………（32）
　实验二　　二维图形的绘制、编辑及尺寸标注 …………………………（37）
　实验三　　用AutoCAD绘制三视图 ………………………………………（39）

ⅲ

实验四　用 AutoCAD 绘制零件图 …………………………………（41）
　　实验五　用 AutoCAD 绘制装配图 …………………………………（45）

第三章　MATLAB 程序设计实验 ……………………………………（49）
　　实验一　MATLAB 软件的安装和简单使用 ………………………（49）
　　实验二　数组和矩阵处理 ……………………………………………（53）
　　实验三　符号计算 ……………………………………………………（57）
　　实验四　图形设计及界面设计 ………………………………………（59）
　　实验五　程序设计 ……………………………………………………（63）
　　实验六　Simulink 仿真 ………………………………………………（67）

第四章　通信系统仿真实验 ……………………………………………（69）
　　实验一　SystemView 运行界面与仿真过程 ………………………（71）
　　实验二　SystemView 分析窗口 ……………………………………（73）
　　实验三　分析窗口的接收计算器 ……………………………………（75）
　　实验四　建立通信模型的操作步骤 …………………………………（78）
　　实验五　模拟线性调制系统 …………………………………………（80）
　　实验六　模拟角度调制系统 …………………………………………（83）
　　实验七　通信系统中的锁相环 ………………………………………（87）
　　实验八　数字信号的基带传输 ………………………………………（89）
　　实验九　数字信号的载波传输 ………………………………………（92）
　　实验十　模拟信号的数字传输 ………………………………………（95）
　　实验十一　扩频通信系统的仿真 ……………………………………（98）
　　实验十二　通信系统的同步原理 ……………………………………（102）

第五章　数字图像处理实验 ……………………………………………（105）
　　实验一　数字图像处理基础 …………………………………………（105）
　　实验二　图像增强 ……………………………………………………（109）
　　实验三　图像分割 ……………………………………………………（113）
　　实验四　图像的描述及识别 …………………………………………（117）

参考文献 …………………………………………………………………（119）

附录　常用图像处理函数 ………………………………………………（120）

第一章　高级语言程序设计实验

一、实验课程简介

通过该课程的学习，学生能了解 C 语言程序开发的环境，熟练掌握 C 程序的调试过程，掌握用 C 语言编程的方法，培养 C 语言编程的能力，用 C 语言解决现实生活中的问题。通过实验，学生能利用 C 语言实现常用程序的设计，初步具备 C 语言程序设计的编程能力，为将来从事相关工作打下良好的基础。

二、主要实验仪器(含主要教学软件)

计算机，Visual C++ 6.0 软件。

实验一　VC++ 6.0 集成开发环境

一、实验目的

① 了解 C 语言在 Microsoft Visual C++ 6.0 编程环境下的操作。
② 掌握 C 语言源程序的编辑、编译、执行的过程。
③ 通过运行简单的 C 语言程序，初步了解 C 语言源程序的特点。

二、预习内容

① 题目：编写 C 语言程序，输出"这是我的第一个 C 程序！"。
② 代码：现场编写程序并抄写到实验报告上。
③ 结果：现场将运行结果抄写到实验报告上。

三、实验内容

① 题目 1：已知两个整数 $a=10,b=20$，求出这两个数的商并输出。
② 代码 1：现场编写程序并抄写到实验报告上。
③ 结果 1：现场将运行结果抄写到实验报告上。

④ 题目 2：已知三角形底边 $a=5$ cm，高 $h=3$ cm，求三角形的面积 s。
⑤ 代码 2：现场编写程序并抄写到实验报告上。
⑥ 结果 2：现场将运行结果抄写到实验报告上。

四、思考题

已知球的半径 $r=3$ cm，求球的体积 V（圆周率取 3.14）。

实验二　基本数据类型

一、实验目的

① 掌握 C 语言的几种数据类型：整型（int）、字符型（char）、单精度（float）、双精度（double）等。
② 熟练掌握这些基本数据类型的常量和变量的使用方法。

二、预习内容

① 题目：编程实现 123456789001＋2＝123456789003。要求在计算机屏幕上输出的运算结果必须是 123456789003。
② 代码：现场编写程序并抄写到实验报告上。
③ 结果：现场将运行结果抄写到实验报告上。

三、实验内容

① 题目 1：编程计算 $f=33$ 时公式 $c=5/9(f-32)$ 的运算结果。要求在不改变公式中数字的前提下，得出正确结果。例如，不能把公式中的 5 改成 5.0，不能把公式中的 9 改成 9.0。
② 代码 1：现场编写程序并抄写到实验报告上。
③ 结果 1：现场将运行结果抄写到实验报告上。
④ 题目 2：已知三角形的三边长，求三角形的面积 s。要求学生自己找到本题需要的面积求解公式。
⑤ 代码 2：现场编写程序并抄写到实验报告上。
⑥ 结果 2：现场将运行结果抄写到实验报告上。

四、思考题

假定一元二次方程 $ax^2+bx+c=0$ 一定有解，编程求方程的解。

实验三 运算符和表达式

一、实验目的

① 掌握 C 语言运算符和表达式的正确使用。
② 掌握不同类型数据之间的赋值规律。
③ 掌握自增(++)和自减(--)运算符的正确使用。

二、预习内容

① 题目:下面代码的输出结果是什么?
② 代码:编写程序并抄写到实验报告上。

```c
#include<stdio.h>
void main( )
{
    int a,b;
    double c;
    a=3.5;
    b=2.5;
    c=(int)b+a;
    printf("%lf",c);
}
```

③ 要求:不运行代码,分析输出结果;运行程序,比较实际输出结果与分析结果是否一致,并给出合理的相应解释。

三、实验内容

① 题目:编程实现输入任何小写字母,输出对应的大写字母。
② 代码:现场编写程序并抄写到实验报告上。
③ 结果:现场将运行结果抄写到实验报告上。

四、思考题

对于变量而言,++在前和++在后产生的效果是相同的吗?编程验证。

实验四　输入/输出函数

一、实验目的

① 掌握基本的输入/输出函数 scanf( )，printf( )，getchar( )和 putchar( )的基本功能和调用方法。

② 掌握各种格式转换符的使用。

二、预习内容

① 题目：以下程序中的两个 printf 语句输出结果为什么不同？通过这个程序还能得出什么结论？

```
#include <stdio.h>
void main( )
{   int c1,c2;
    c1=97;
    c2=98;
    printf("%c,%c\n",c1,c2);
    printf("%d,%d\n",c1,c2);
}
```

② 代码：现场编写程序并抄写到实验报告上。

③ 结果：现场将运行结果抄写到实验报告上。

三、实验内容

① 题目：用三种不同的输出语句形式，输出相同字符 A。

② 代码：现场编写程序并抄写到实验报告上。

③ 结果：现场将运行结果抄写到实验报告上。

四、思考题

字符型数据能当作整数来使用吗？分析原因，并举例给出验证。

实验五　顺序结构程序设计

一、实验目的

① 掌握顺序结构程序的编写并使之能通过调试。
② 掌握表达式语句和输入/输出语句。

二、预习内容

① 题目:下面的代码,能实现数学上的什么功能?
```
#include <stdio.h>
void main( )
{ double x;
  x=3.1415926;
  x=x*1000;
  x=x+0.5;
  x=(int)x;
  x=x/1000;
  printf("%lf",x);
}
```
② 代码:现场编写程序并抄写到实验报告上。
③ 结果:现场记录运行结果并分析原因。

三、实验内容

① 题目:分析下面的代码,能够得出预习内容的相同结果吗? 为什么?
```
#include <stdio.h>
void main( )
{ double x;
  x=3.1415926;
  x=(int)(x*1000+0.5)/1000;
  printf("%lf",x);
}
```
② 代码:现场编写程序并抄写到实验报告上。

③ 结果:现场将运行结果抄写到实验报告上。

四、思考题

在程序中定义的变量(例如 int a)中有值吗？为什么？

实验六 选择结构程序设计

一、实验目的

① 掌握 C 语言逻辑量的表示方法(用 0 代表"假",用 1 代表"真")。
② 掌握各种形式的 if 语句的使用方法。
③ 掌握 switch 语句的使用方法。

二、预习内容

① 题目:输入一个字符,判别它是否是大写字母,如果是,将它转换成小写字母,如果不是,不转换;然后输出最终得到的字符。
② 代码:现场编写程序并抄写到实验报告上。
③ 结果:现场将运行结果抄写到实验报告上。

三、实验内容

① 题目1:输入一个年份,判断它是否是闰年。是闰年的,输出"本年份是闰年";不是闰年的,输出"本年份不是闰年"。
② 代码1:现场编写程序并抄写到实验报告上。
③ 结果1:现场将运行结果抄写到实验报告上。
④ 题目2:输入两个数 a 和 b,输出较大的数。要求:程序中只出现一个 printf 语句。
⑤ 代码2:现场编写程序并抄写到实验报告上。
⑥ 结果2:现场将运行结果抄写到实验报告上。

四、思考题

输入两个数 a 和 b,输出较大的数。用不同的方法编程实现,看谁的方法多。

实验七　循环结构程序设计（Ⅰ）

一、实验目的

① 掌握用 while，do-while 语句实现循环的方法。
② 掌握在循环语句中使用 break 和 continue 语句改变程序流程的方法。

二、预习内容

① 题目：读程序并写出输出结果。
```
#include <stdio.h>
void main( )
{ int n,t,k,s=0;
  printf("input n\n");
  scanf("%d",&n);
  k=1;t=1;
  while(k<= n)
  {t*=k;s+=t;k++;}
  printf("s=%d\n \n",s);
}
```
② 结果：体会该程序的功能，将结果抄写到实验报告上。

三、实验内容

① 题目 1：编程求 1－2＋3－4＋5－6＋…＋99－100 的值。
② 代码 1：现场编写程序并抄写到实验报告上。
③ 结果 1：现场将运行结果抄写到实验报告上。
④ 题目 2：编程分别求 100 以内的奇数之和与偶数之和。
⑤ 代码 2：现场编写程序并抄写到实验报告上。
⑥ 结果 2：现场将运行结果抄写到实验报告上。

四、思考题

输入两个整数 m 和 n，求其最大公约数和最小公倍数。

实验八 循环结构程序设计(Ⅱ)

一、实验目的

① 掌握用 for 语句实现循环的方法。
② 掌握三种循环语句的区别和转换、各自的适应性、循环的嵌套使用。
③ 掌握在程序设计中用循环的方法实现一些常用的算法(如穷举、迭代、递推等)。

二、预习内容

① 题目:程序填空,求 1+2+3+… 的过程中,第一个超过 1 000 的和值。
```
#include<stdio.h>
void main( )
{    int i,s=0;
     for(i=0;i<=100;i++)
     {  s=s+i;
        if (s>1000)　　　　　;
     }
printf("%d\n",s);
}
```
② 结果:根据该程序的功能,把空格中要填写的语句写到实验报告上。

三、实验内容

① 题目 1:编程求 $1+1/2+1/3+\cdots+1/100$ 的值。
② 代码 1:现场编写程序并抄写到实验报告上。
③ 结果 1:现场将运行结果抄写到实验报告上。
④ 题目 2:编程输出 1~100 之间的所有素数,控制每行输出 10 个数。
⑤ 代码 2:现场编写程序并抄写到实验报告上。
⑥ 结果 2:现场将运行结果抄写到实验报告上。

四、思考题

编程实现九九乘法表的输出。

实验九　一　维　数　组

一、实验目的

① 掌握一维数组的定义和引用方法。
② 掌握一维数组初始化的方法。
③ 掌握常见一维数组的基本算法，如排序算法等。

二、预习内容

① 题目：程序填空，实现 10 个数组元素的逆序输出。
```
#include <stdio.h>
int main()
{ int i,a[10];
  for (i=0; i<=9;i++)a[i]=i;
  for(i=9;i>=0; i--)
    _____ ;
  printf("\n");
  return 0;
}
```
② 结果：根据该程序的功能，把空格中要填写的语句写到实验报告上。

三、实验内容

① 题目 1：求数组元素的和。
例如：$a[6]=\{2,4,3,6,8,9\}$，求出和 $s=32$。
② 代码 1：现场编写程序并抄写到实验报告上。
③ 结果 1：现场将运行结果抄写到实验报告上。
④ 题目 2：将数据元素逆序存放并输出。
例如：将 $a[6]=\{2,4,3,6,8,9\}$ 转换为 $a'[6]=\{9,8,6,3,4,2\}$ 并输出。
⑤ 代码 2：现场编写程序并抄写到实验报告上。
⑥ 结果 2：现场将运行结果抄写到实验报告上。

四、思考题

编程输入一组（n 个）有序整数，再输入一个整数 x，将 x 插入这组数据中，使该组数据仍然有序。

实验十　二　维　数　组

一、实验目的

① 掌握二维数组的定义和引用方法。
② 掌握二维数组初始化的方法。
③ 掌握常见二维数组的基本算法,熟习二维数组的应用。

二、预习内容

① 题目:程序填空,实现矩阵(3 行 2 列)的转置(即行列互换)。

```
#define N 3
#include <stdio.h>
void main( )
{ int a[N][N]={{1,2,3},{4,5,6},{7,8,9}};
  int i,j,t;
  printf("原始矩阵输出\n");
  for(i=0;i<N;i++)
  {for(j=0;j<N;j++)
      printf("%5d",a[i][j]);
    printf("\n"); }
  for(i=0;i<N;i++)
      for(j=0;j<i;j++)
      {_____;    //实现转置
      a[i][j]= a[j][i];
      a[j][i]=t;}
  printf("转置后矩阵输出\n");
  for(i=0;i<N;i++)
  { for(j=0;j<N;j++)
    printf("%5d",a[i][j]);
    printf("\n");}
}
```

② 结果:根据该程序的功能,把空格中要填写的语句抄写到实验报告上。

三、实验内容

① 题目 1:求一个 3 * 3 的整型矩阵对角线元素之和。
② 代码 1:现场编写程序并抄写到实验报告上。
③ 结果 1:现场将运行结果抄写到实验报告上。
④ 题目 2:输出 M 行 M 列整数方阵,然后求出两条对角线上元素之和。
⑤ 代码 2:现场编写程序并抄写到实验报告上。
⑥ 结果 2:现场将运行结果抄写到实验报告上。

四、思考题

编写程序,通过键盘输入 4 * 3 的矩阵,将行下标为 k 的元素与行下标为 0 的元素进行交换。

实验十一　字　符　数　组

一、实验目的

① 理解和掌握字符数组与字符串的区别。
② 掌握字符串的输入/输出方式。
③ 掌握字符串函数的使用方法。

二、预习内容

① 题目:以下程序的功能是不使用字符串的复制函数完成字符串的复制,根据要求把程序补充完整。

```
#include <stdio.h>
#include <string.h>
void main( )
{ char str1[11],str2[6];
  int i;
  gets(str1);
  ____[1]____;      //给 str2 赋值
  for(i=0;str2[i]!='\0';i++)
  ____[2]____;      //实现复制
```

str1[i]='\0';
　　___[3]___ ；   //输出复制以后的字符串
}

② 结果：根据该程序的功能，把空格中要填写的语句写到实验报告上。

三、实验内容

① 题目1：编写程序，从键盘中输入一行字符串，将字符串中所有偶数位上的字母转换为大写，如果该位置上不是字母，则不转换。例如，若输入"abc4EFg"，则应输出"aBc4EFg"。

② 代码1：现场编写程序并抄写到实验报告上。

③ 结果1：现场将运行结果抄写到实验报告上。

④ 题目2：分别统计出字符串中大写字母和小写字母的个数。

⑤ 代码2：现场编写程序并抄写到实验报告上。

⑥ 结果2：现场将运行结果抄写到实验报告上。

四、思考题

编程实现将一个字符串中的非字母字符删除。

实验十二　函数的定义及调用

一、实验目的

① 掌握定义函数的方法。
② 掌握主函数和被调用函数之间数据传递的规则。
③ 了解函数的返回值及其类型，并能正确使用。

二、预习内容

① 题目：读程序。

```
#include <stdio.h>
void f(int x,int y)
{ int t;
  if(x<y)
  {t=x;x=y;y=t;}
```

```
}
void main( )
{ int a=4,b=3,c=5;
  f(a,b);f(a,c);f(b,c);
  printf("%d,%d,%d\n",a,b,c);
}
```

② 结果:根据该程序的功能,将运行结果写到实验报告上并分析输出结果。

三、实验内容

① 题目1:写一个函数,用"选择法"对输入的10个数字按从小到大顺序输出(在主函数中输入10个无序的整数,调用选择排序函数后实现从小到大排序,然后在主函数中输出排序的结果)。

② 代码1:现场编写程序并抄写到实验报告上。

③ 结果1:现场将运行结果抄写到实验报告上。

④ 题目2:求两个整数的最大公约数(在主函数中任意输入2个整数,调用该函数后求出这2个整数的最大公约数并输出)。

⑤ 代码2:现场编写程序并抄写到实验报告上。

⑥ 结果2:现场将运行结果抄写到实验报告上。

四、思考题

写一个判断素数的函数,在主函数中输入10个整数后,输出素数的个数信息。

实验十三 函数的嵌套和递归调用

一、实验目的

① 掌握函数嵌套调用和递归调用的方法。
② 掌握全局变量和局部变量、动态变量和静态变量的概念和使用方法。

二、预习内容

① 题目:下面程序的输出结果是多少?在代码的右侧给出分析过程。

```
#include<stdio.h>
void fun(int x)
```

```
{
    if(x/2>0) fun(x/2);
    printf("%d",x);
}
main( )
{
    fun(3);
    printf("\n");
}
```

② 代码:现场编写程序并抄写到实验报告上。

③ 结果:现场将运行结果抄写到实验报告上。

三、实验内容

① 题目:在不改动主函数的情况下,在空白处完成自定义函数 fun。要求:通过递归的方式求出 1+2+3+…+100 的和。

```
#include <stdio.h>
//用户自定义函数 fun 在本行下面空白处定义
void main( )
{
    printf("%d \n",fun(100));
}
```

② 代码:现场编写程序并抄写到实验报告上。

③ 结果:现场将运行结果抄写到实验报告上。

四、思考题

用函数递归方法求斐波那契数列的前 20 个数。

实验十四 指针的基本操作

一、实验目的

① 掌握指针的概念。

② 掌握指针的定义、引用和初始化。

③ 掌握通过指针改变变量值的方法。

二、预习内容

① 题目：下面程序的输出结果是多少？在代码的右侧给出分析过程。

程序1：
```c
#include <stdio.h>
void fun(int x,int y);
int main( )
{
    int a=3,b=4;
    fun(a,b);
    printf("%d,%d\n",a,b);
}
void fun(int x,int y)
{
    int t;
    t=x;
    x=y;
    y=t;
}
```

程序2：
```c
#include <stdio.h>
void fun(int x,int y);
int main( )
{
    int a=3,b=4;
    fun(&a,&b);
    printf("%d,%d\n",a,b);
}
void fun(int *x,int *y)
{
    int *t;
    t=x;
    x=y;
```

y=t;
}
程序 3：
#include <stdio.h>
void fun(int x,int y);
int main( )
{
   int a=3,b=4;
   fun(&a,&b);
   printf("%d,%d\n",a,b);
}
void fun(int *x,int *y)
{
   int t;
   t=*x;
   *x=*y;
   *y=t;
}
程序 4：
#include <stdio.h>
void fun(int x,int y);
int main( )
{
   int a=3,b=4;
   fun(&a,&b);
   printf("%d,%d\n",a,b);
}
void fun(int *x,int *y)
{
   int *t;
   *t=*x;
   *x=*y;
   *y=*t;
}

② 代码:现场编写程序并抄写到实验报告上。
③ 结果:现场将运行结果抄写到实验报告上。

三、实验内容

① 题目 1:验证以下程序。
```c
#include <stdio.h>
int main( )
{
    int a=3;
    int *p;
    p=&a;
    printf("%d\n",p);
    printf("%d\n",*p);
    *p=4;
    printf("%d\n",*p);
    printf("%d\n",p);
    printf("%d\n",a);
}
```
② 代码 1:现场编写程序并抄写到实验报告上。
③ 结果 1:现场将运行结果抄写到实验报告上。
④ 题目 2:验证以下程序。
```c
#include <stdio.h>
int main( )
{
    int a=3;
    int *p;
    p=&a;       //p是否有指向
    //*p=10;    //有指向,能放值
    printf("p=%d\n",*p);
}
```
⑤ 代码 2:现场编写程序并抄写到实验报告上。
⑥ 结果 2:现场将运行结果抄写到实验报告上。

四、思考题

预测以下程序结果并验证:

```
#include <stdio.h>
int main( )
{
  int *p;
  *p=10;
  printf("p=%d\n",*p);
}
```

实验十五 通过指针对一维数组进行操作

一、实验目的

① 掌握指针与一维数组的关系。
② 掌握用指针实现对一维数组的操作(如排序、逆序存放等)。

二、预习内容

① 题目:下面程序的输出结果是多少？在代码的右侧给出分析过程。
程序1:
```
#include <stdio.h>
int main( )
{
  int a[10]={0,1,2,3,4,5,6,7,8,9};
  int *p;
  p=a;
  printf("%d\n",*p);
  p++;
  printf("%d\n",*p);
}
```
程序2:
```
#include <stdio.h>
int main( )
{
  int a[10]={0,1,2,3,4,5,6,7,8,9};
```

```
    int *p;int i;
    p=a;
    printf("%d\n",*p);
    printf("%d\n",*p++);
    printf("%d\n",*p);
    printf("\n");

    p=a;
    printf("%d\n",*p);
    printf("%d\n",*(p++));
    printf("%d\n",*p);
    printf("\n");

    p=a;
    for(i=0;i<10;i++,p++)
    printf("%-3d",*p);
    printf("\n");
    printf("\n");

    p=a;
    for(i=0;i<10;i++)
    printf("%-3d",*p++);
    printf("\n");
}
```

程序 3：
```
#include <stdio.h>
int main()
{
    int a[10]={0,1,2,3,4,5,6,7,8,9};
    int *p;
    p=a;
    printf("%d\n",*p);
    printf("%d\n",*(p++));
    p=a;
```

```
    printf("%d\n",*(++p));
}
```
程序 4:
```
#include <stdio.h>
int main()
{
    int a[7]={3,4,5,6,7,8,9};
    int *p;
    p=a;
    printf("%d\n",*p);
    printf("%d\n",++(*p));//a[0]
    printf("%d\n",*p);
    p=a;
    printf("%d\n",*p);
}
```

② 代码:现场编写程序并抄写到实验报告上。
③ 结果:现场将运行结果抄写到实验报告上。

三、实验内容

① 题目:使用指针对数组 a 使用未优化的选择法从大到小排序。要求:采用的函数形式为 int a[6]={8,5,7,9,4,6}。
② 代码:现场编写程序并抄写到实验报告上。
③ 结果:现场将运行结果抄写到实验报告上。

四、思考题

使用指针完成数组 a 的逆置,要求使用两种方法(教材第 29 页,例 8.8)完成。数组为 a[10]={3,7,9,11,0,6,7,5,4,2}。

实验十六　通过指针对字符串进行操作

一、实验目的

① 掌握指针与字符串的关系。
② 掌握用指针对字符串进行操作的方法。

二、预习内容

① 题目:下面程序的输出结果是多少？在代码的右侧给出分析过程。
```
#include <stdio.h>
void fun(char *a,char *b)
{
   while(*a=='*')   a++;
   while(*b=*a)
   {
      b++;
      a++;
   }
}
main( )
{  char *s="* * * * *a*b* * * *",t[80];
   fun(s,t);
   puts(t);
}
```
② 代码:现场编写程序并抄写到实验报告上。
③ 结果:现场将运行结果抄写到实验报告上。

三、实验内容

① 题目:补充完整用户自定义函数 fun 里面的代码(主函数中的代码不动),使程序能实现把字符串中的内容循环左移一位。例如:原字符串是"ABCDEFG",结果字符串是"BCDEFGA"。

```
#include<stdio.h>
void fun(char *s)
{

}
main( )
{
    char s[100]= "ABCDEFG";
    fun(s);
    puts(s);      //输出字符串
}
```
② 代码:现场编写程序并抄写到实验报告上。
③ 结果:现场将运行结果抄写到实验报告上。

四、思考题

① 题目:补充完整用户自定义函数 fun 里面的代码(主函数中的代码不动),使程序能实现把字符串中的内容循环左移一位。例如:原字符串是"ABCDEFG",结果字符串是"BCDEFGA"。

② 代码:
```
#include<stdio.h>
void fun(char *s)
{

}
main( )
{
    char s1[100]= "ABCDEFG",s2[100]="xyzabc";
    fun(s1);fun(s2);
    puts(s1); puts(s2);    //输出字符串
}
```
③ 结果:现场将运行结果抄写到实验报告上。

实验十七 通过指针对二维数组进行操作

一、实验目的

① 掌握指针与二维数组的关系。
② 掌握使用指针对二维数组进行操作的方法。

二、预习内容

① 题目:验证以下程序。

```
#include<stdio.h>
int main()
{
    int a[3][4]={{1,3,5,7},{9,11,13,15},{17,19,21,23}};
    int *p=&a[0][0];
//  /*
    printf("*p=%d\n",*p);
    printf("*(p+2)=%d\n\n",*(p+2));

  printf("*(p+4)=%d\n",*(p+4));
    printf("p+4 =%d\n\n",p+4 );

    printf("a[1]=%d\n",a[1]);
    printf("*a[1]=%d\n",*a[1]);
    printf("*(a+1)=%d\n",*(a+1));
    printf("*(*(a+1))=%d\n\n",*(*(a+1)));

    printf("a[1][2]=%d\n",a[1][2]);
    printf("*(a[1]+2)=%d\n",*(a[1]+2));
    printf("*(*(a+1)+2)=%d\n",*(*(a+1)+2));
    printf("*(*(a+1+2))=%d\n\n",*(*(a+1+2)));
//  */
    printf("*a+1=%d\n",*a+1);
```

```
        printf(" *(a+0)+1=%d\n", *(a+0)+1);
        printf("a[0]+1=%d\n\n",a[0]+1);

     printf(" *( *a+1)=%d\n", *( *a+1));
        printf(" *( *(a+0)+1)=%d\n", *( *(a+0)+1));
        printf(" *(a[0]+1)=%d\n", *(a[0]+1));
}
```

② 代码:现场编写程序并抄写到实验报告上。

③ 结果:现场将运行结果抄写到实验报告上。

三、实验内容

① 题目:设计一个程序,将二维数组 $\begin{pmatrix} 1 & 3 & 5 \\ 2 & 4 & 6 \end{pmatrix}$ 转置。

② 代码:现场编写程序并抄写到实验报告上。

③ 结果:现场将运行结果抄写到实验报告上。

四、思考题

分析以下程序输出结果,并思考其原因。

```
#include <stdio.h>
int main()
{
    int i,j;
    int *p, *q;
    int a[3][4]={{1,2,3,4},{5,6,7,8},{9,10,11,12}};
    int b[3][4]={1,2,3,4,5,6,7,8,9,10,11,12};

    for(i=0;i<3;i++)
    {
        for(j=0;j<4;j++)
            printf("%-4d",a[i][j]);
        printf("\n");
    }
        printf("\n");
```

```
        for(i=0;i<3;i++)
    {
        for(j=0;j<4;j++)
        printf("%-4d",b[i][j]);
        printf("\n");
    }
        printf("\n");

        p=&a[0][0];
        for(i=0;i<12;i++)
        printf("%-4d",p[i]);
        printf("\n");

        q=&b[0][0];
        for(i=0;i<12;i++)
        printf("%-4d",q[i]);
}
```

实验十八　结构体与共用体

一、实验目的

① 掌握结构体类型说明和结构体类型变量的定义方法,数组、指针的定义方法及应用。
② 掌握结构体中成员的引用形式。
③ 了解共用体类型的说明及变量的定义形式。
④ 了解共用体类型变量各成员的存储结构。

二、预习内容

① 题目:在不运行程序的情况下,分析下面代码的输出结果。在代码的右侧给出说明。
#include <stdio.h>
#include <string.h>

```
struct student
{
    char name[9];
    char sex;
    float score[2];
};
struct student f(struct student a)
{
    struct student b={"Zhao",'m',85.0,90.0};
    int i;
    strcpy(a.name,b.name);
    a.sex=b.sex;
    for(i=0;i<2;i++)
        a.score[i]=b.score[i];
    return a;
}
main( )
{
    struct student c={"Qian",'f',95.0,92.0},d;
    d=f(c);
    printf("%s,%c,%2.0f,%2.0f\n",d.name,d.sex,d.score[0],d.score[1]);
}
```

② 代码:现场编写程序并抄写到实验报告上。

③ 结果:现场将运行结果抄写到实验报告上。

三、实验内容

① 题目:有10个学生的信息已被放入结构体数组 a 中,编程输出成绩最高学生的学号和姓名。

完成主函数:

```
#include <stdio.h>
struct student
{ int num;
    char name[20];
    double score;
```

```
};
    struct student a[10]={
    {101,"张飞",83},
    {102,"李逵",29},
    {103,"阿斗",35},
    {104,"孙权",77},
    {105,"曹操",65},
    {106,"诸葛亮",90},
    {107,"袁绍",49},
    {108,"赵子龙",80},
    {109,"赵本山",89},
    {110,"潘长江",68}};
void main( )
{
    _____
}
```

② 代码：现场编写程序并抄写到实验报告上。
③ 结果：现场将运行结果抄写到实验报告上。

四、思考题

定义一个结构体变量(包括年、月、日)，计算该日在本年中是第几天(注意闰年问题)。

实验十九　结构体数组

一、实验目的

掌握结构体类型数组的定义及使用方法。

二、预习内容

① 题目：已知有如下的结构数组定义：
```
struct  Money
{  int Yuan;
```

```
    int Jiao;
    int Fen
}m[2];
```

欲将数组 m 的两个结构体变量赋值为 50 元 6 角 7 分和 60 元 7 角 8 分,请写出分别采用定义时初始化和 scanf 函数进行赋值的语句,并分析赋值时的注意事项。

② 代码:现场编写语句并抄写到实验报告上。

③ 结果:将分析结果抄写到实验报告上。

三、实验内容

① 题目 1:欲统计一批学生的身高,若学生人数为 5,请定义一个结构体数组,每个结构体变量含有身高 high 和性别 sex 两个成员。采用 for 循环和 scanf 函数对数组赋值,要求同时输出所有学生的平均身高。

② 代码 1:现场编写程序并抄写到实验报告上。

③ 结果 1:现场将运行结果抄写到实验报告上。

④ 题目 2:针对题目 1,修改程序分别统计男生和女生的平均身高并输出结果。

⑤ 代码 2:现场编写程序并抄写到实验报告上。

⑥ 结果 2:现场将运行结果抄写到实验报告上。

四、思考题

针对实验内容题目 2 中的问题,如何定义一个函数来完成?要求函数实参为结构体数组的名称。

实验二十　使用指针处理链表

一、实验目的

① 掌握链表的概念。
② 掌握链表的建立方法。
③ 掌握链表的输出操作方法。

二、预习内容

① 题目:请分析链表中的结点在组成上有什么特点?各组成部分的作用是

什么?

②结果:现场将分析结果抄写到实验报告上。

三、实验内容

①题目1:已知某链表如图1.1所示,请定义该链表的结点结构,并采用静态的方式建立该链表,输出所有结点的身高和性别。

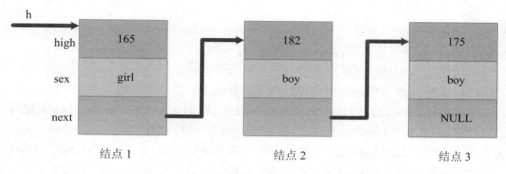

图1.1 链表

②代码1:现场编写程序并抄写到实验报告上。
③结果1:现场将运行结果抄写到实验报告上。
④题目2:针对题目1所给出的链表,采用动态的方式建立之,并输出所有结点的身高和性别。
⑤代码2:现场编写程序并抄写到实验报告上。
⑥结果2:现场将运行结果抄写到实验报告上。

四、思考题

针对图1.1所示的链表,若想要删除结点2,该如何操作?

实验二十一 文件基本操作

一、实验目的

①掌握文件和文件指针的概念。
②掌握文件的打开、读写和关闭方式。
③掌握各种文件函数的使用方法。

二、预习内容

① 题目:如何判断 fopen 函数是否成功打开一个文件?如果成功打开,操作结束时是否需要用 fclose 函数关闭该打开的文件?请分析之。

② 结果:现场将分析结果抄写到实验报告上。

三、实验内容

① 题目 1:在当前目录下,建立一个名为 myname.txt 的文本文件,采用 fputc 函数写入自己的拼音姓名,然后运行程序,打开建立的文件观察内容。

② 代码 1:现场编写程序并抄写到实验报告上。

③ 结果 1:现场将运行结果抄写到实验报告上。

④ 题目 2:在 D 盘建立一个名为 myname.txt 的文本文件,采用 fputs 函数写入自己的拼音姓名,然后运行程序,打开建立的文件并观察内容。

⑤ 代码 2:现场编写程序并抄写到实验报告上。

⑥ 结果 2:现场将运行结果抄写到实验报告上。

四、思考题

针对实验内容题目 2 中的问题,写程序读出 myname.txt 文件内容,使之在屏幕上显示,并观察其是否被正确读出。

实验二十二 文件高级操作

一、实验目的

① 掌握将不同的数据存入或读出文件的方法。

② 能够熟练应用各种函数对文件进行操作,包括文件的打开、关闭、顺序读写、结束检测等。

二、预习内容

① 题目:读写文件时,采用文本形式和二进制形式有何异同?数据量较多时哪种方式效率更高?请分析之。

② 结果:现场将分析结果抄写到实验报告上。

三、实验内容

① 题目 1：在当前目录下建立一个以自己的拼音姓名为名字的文本文件（后缀为 .txt），采用格式化方式（fprintf）写入自己的姓名、学号、年龄，然后打开所建立的文件观察文件内容。

② 代码 1：现场编写程序并抄写到实验报告上。

③ 结果 1：现场将运行结果抄写到实验报告上。

④ 题目 2：采用 fwrite 函数用二进制方式完成题目 1 的任务并观察文件内容。

⑤ 代码 2：现场编写程序并抄写到实验报告上。

⑥ 结果 2：现场将运行结果抄写到实验报告上。

四、思考题

编程读出实验内容题目 1 中所建立的文件，删除学号，重新保存，打开文件并观察是否成功完成任务。

第二章　工程制图实验

一、实验课程简介

"工程制图"是一门面向理工科非机械类专业开设的、实践性很强的专业基础课,主要研究绘制和阅读工程图样的理论和方法。工程制图实验是它的实践性教学环节。通过完成 AutoCAD 的启动、菜单结构及基本命令练习,二维图形的绘制、编辑及尺寸标注,用 AutoCAD 绘制三视图,用 AutoCAD 绘制零件图,用 AutoCAD 装配图等五个实验,使学生能够掌握 AutoCAD 软件中常用的绘图命令,培养熟练运用 AutoCAD 软件绘制二维工程图样的能力。同时通过绘图实验进一步培养学生的空间想象力,为学习后继课程打下坚实的基础。

二、AutoCAD 简介

AutoCAD(Autodesk Computer Aided Design)是 Autodesk(欧特克)公司于 1982 年首次开发的自动计算机辅助设计软件,可以用于二维制图和基本三维图形设计。AutoCAD 具有良好的用户界面,通过交互菜单或命令行方式便可以进行各种操作。它被广泛应用于土木建筑、装饰装潢、城市规划、电子电路、机械设计、轻工化工等诸多领域。从 AutoCAD 2000 开始,又增添了许多强大的功能,如 AutoCAD 设计中心(ADC)、多文档设计环境(MDE)、Internet 驱动、新的对象捕捉、增强标注,以及局部打开和局部加载。

实验一　AutoCAD 的启动、菜单结构及基本命令练习

一、实验目的

① 掌握 AutoCAD 绘图环境的设置。
② 掌握 AutoCAD 的常用绘图命令和修改命令。
③ 能够绘制简单的平面图形。

二、实验仪器

PC(个人计算机),AutoCAD 2007 软件。

三、实验原理

这一部分主要介绍软件的一些基本操作。

1. 软件的启动,文件的新建和保存

双击 AutoCAD 图标,启动软件,选择"AutoCAD 经典",进入工作界面。点击"文件/新建",选择 acadiso.dwt,可以新建一个文件。绘制完成后,点击文件/保存。

2. 设置绘图环境

(1) 设置绘图单位(Units)

通过在界面最下方的命令输入栏直接输入命令 Units 或点击菜单栏中的格式/单位,调出"图形单位"对话框,选择合适单位。

(2) 草图设置

点击工具/草图设置,调出"草图设置"对话框(图 2.1)。

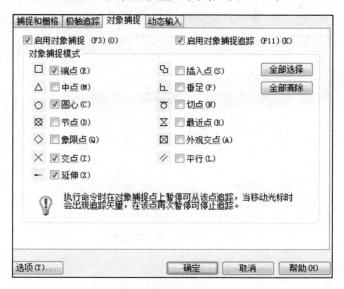

图 2.1 "草图设置"对话框

该对话框有四个选项卡,第一个"捕捉和栅格"选项卡中的启用项不必勾选。我们主要设置第三个"对象捕捉"选项卡。在需要捕捉的选项前点击相应方框,出现"√"即可。

(3) 图层设置

在命令行中输入 layer 或者点击格式/图层，调出"图层特性管理器"对话框（图 2.2）。在该对话框中可以对已有图层的图线颜色和线宽进行设置，并可加载更多的线型，如虚线和细点画线等。通过点击"线型"下的 Continuous 即可调出"选择线型"对话框（图 2.3）。点击"加载(L)…"，选择要加载的线型。也可以新建一个图层做相应设置，以方便线型的管理和调用。

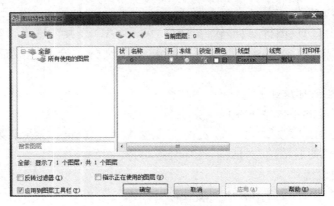

图 2.2 "图层特性管理器"对话框

图 2.3 "选择线型"对话框

3. 实验中所用基本命令介绍

(1) 绘制直线

点击"绘图"工具栏中的直线图标或在命令栏中输入 line，进入绘制直线状态。接下来用鼠标点击第一个点，然后根据实时显示的极坐标确定第二个点。也可以利用命令准确确定第二个点，如输入@10,20，则表示第二个点距离第一个点的"相对"横纵坐标各为 10 和 20。

(2) 绘制多边形

点击"绘图"工具栏中的"多边形"图标或在命令栏中输入 polygon,输入相应边数,绘制相应的多边形。

(3) 打断于点

点击"修改"工具栏中的"打断于点"图标或在命令栏中输入 break。依据提示,先选择(点击)要打断的对象,再点击要打断的地方,即所谓"指定第一个打断的点"。

(4) 渐变色

此命令用于对闭合图形填充颜色,当待填充区域图线不闭合时,是无法填充的。点击"绘图"工具栏中的"渐变色"图标或在命令栏中输入 gradient。在出现的对话框中点击"拾取点"或选择"对象"前的图标皆可。将十字光标移到待填充区域内部,点击左键,再点击右键,选择"确定"。之后选择"单色",并通过下方滑块调整颜色的渐变程度。

(5) 阵列

在命令行中输入 array 或点击"修改"工具栏中的"阵列"图标,调出"阵列"对话框(图 2.4)。在其中可对环绕方式、项目个数进行设置。

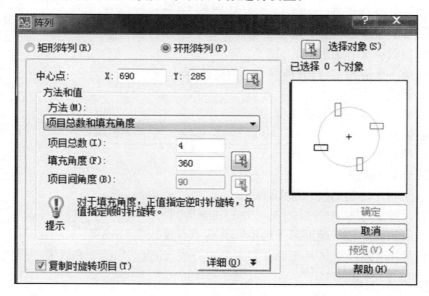

图 2.4 "阵列"设置对话框

四、实验内容及步骤

实验内容图如图 2.5 所示。

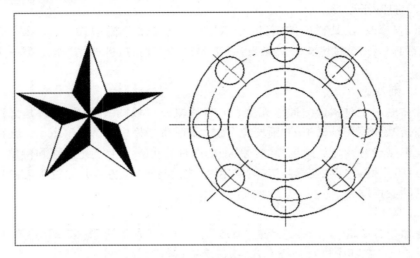

图 2.5 实验内容图

1. 绘制一个五角星并填充图案
① 绘制一个五边形。
② 画一个五角星（打开捕捉交点功能绘制）。
③ 擦除五边形。
④ 剪切五角星中的交叉线。
⑤ 画角的连线。
⑥ 填充颜色。
2. 绘制轴承盖
① 绘制中心辅助线和辅助圆。
② 设置实线为当前层，绘制另外的三个大圆。
③ 绘制圆心位于辅助圆上的小圆及其中心线。
④ 利用环形阵列方法复制小圆及其中心线（注意不同线型和线宽的设置）。

五、实验报告

按要求绘制五角星与轴承盖，打印输出相关图形文件。

六、预习要求

复习不同线型的线宽和用法，预习软件的基本操作。

七、思考题

① 在绘图的过程中注意总结鼠标右键的功能。
② 设置不同图层的作用。

实验二　二维图形的绘制、编辑及尺寸标注

一、实验目的

① 继续学习基本命令的用法。
② 掌握绘制阶梯轴的方法。
③ 掌握尺寸标注的方法。

二、实验仪器

PC，AutoCAD 2007 软件。

三、实验原理

1. 绘制阶梯轴涉及的命令操作
（1）倒角

点击"修改"工具栏中的"倒角"命令，这时在命令栏中可以看到多种形成倒角的方式，这里我们选择"距离"，即键入 D。接着键入第一个倒角的距离和第二个倒角的距离。最后在图形上用鼠标连续点击所绘倒角涉及的两条线段。

（2）镜像

点击"修改"工具栏中的"镜像"命令，鼠标移动到需要进行镜像操作的图形附近，点击并长按左键持续画出一个包含需要进行镜像操作图形的区域，再次点击左键确定，之后再点击右键。接着在图形上指定需要进行镜像操作的基点，然后逆时针或顺时针滑动鼠标到相应位置。最后先后点击左、右键即可完成图形的镜像。

2. 标注轴承座涉及的命令操作
（1）线性标注

点击"标注"工具栏中的线性图标，依次点击需要线性标注的线段两端，引到合适的位置点击"确定"即可自动标注。半径和直径的标注与此类似。

（2）编辑标注

点击"标注"工具栏中的"编辑标注"图标，选择"新建"，删除默认出现的 0，键

入要修改的标注,如%%c13,点击"确定",再点击要修改的标注数字即可。

(3) 修改标注样式

点击标注样式/修改,出现"修改标注样式"对话框(图2.6)。在该对话框中可以对标注的一系列要素进行修改。

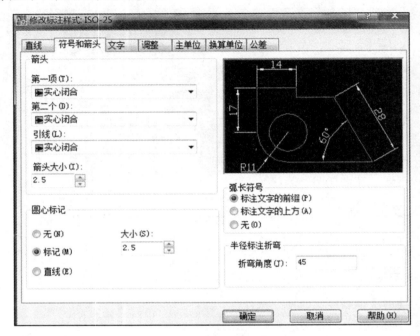

图 2.6 "修改标注样式"对话框

四、实验内容及步骤

实验内容图如图 2.7 所示。

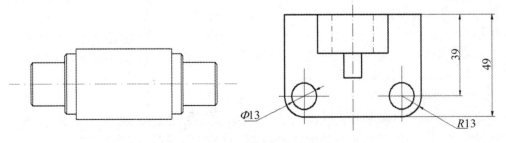

图 2.7 实验内容图

1. 绘制阶梯轴
① 绘制四分之一阶梯轴。
② 连续利用"镜像"命令得到完整的阶梯轴。
2. 尺寸标注
① 绘制待标注的物体。
② 进行尺寸标注和尺寸样式的修改。

五、实验报告

按要求绘制阶梯轴,完成尺寸标注,打印输出相关图形文件。

六、预习要求

复习"绘图"和"修改"工具栏的基本操作及尺寸标注的要点。

七、思考题

① 如何利用"镜像"命令简化作图?
② "修改标注样式"对话框各选项卡对标注样式有哪些影响?

实验三　用 AutoCAD 绘制三视图

一、实验目的

① 继续学习 AutoCAD 基本命令的用法。
② 掌握图案填充、尺寸标注等操作方法。
③ 掌握绘制三视图的方法。

二、实验仪器

PC,AutoCAD 2007 软件。

三、实验原理

三视图的绘制要做到"三等关系":长对正,高平齐,宽相等。这一点利用"极轴追踪"功能便能实现。对此,在实践中要不断练习,以发现相关技巧。

1. 多行文字

点击"绘图"工具栏中的"多行文字"图标。点击左键画出一定大小的输入区域。此时出现"文字格式"工具栏(图2.8),可修改输入文字的大小、字体、对齐方式等。完成文字的输入后点击"确定"。此时再点击文字便可以将文字移动到任意位置。

图2.8 "文字格式"工具栏

2. 图案填充

点击"绘图"工具栏中的"图案填充"图标,在出现的"图案填充和渐变色"对话框中,点击"样例",出现"填充图案选项板"对话框,点击其中的ANSI,选择要填充的剖面线。如果填充的剖面线过于稀疏或密集,可双击剖面线,在出现的对话框中修改"比例"一项。

3. 多线段

AuctoCAD不支持箭头的快捷画法。一般用"多线段"命令实现。首先点击"绘图"工具栏中的"多线段"图标,并指定起点,在命令行中输入w,回车,然后输入起点宽度,如"6"(具体数字根据各人绘图情况选择),按回车键;继续输入端点宽度,如"0",按回车键。然后移动鼠标到适当位置,完成箭头的绘制。

4. 打断

键槽断面图中缺口用"打断"命令可以实现。先画一个圆,点击"修改"工具栏中的"打断"图标。出现"选择对象"的提示,在圆上选择待打断的一处点击左键。此时点击的位置就是第一个打断的点所处位置,所以不要随便在圆上点击左键。接下来以此方法点击第二个打断点。注意:先打断缺口上面的点和先打断下面的点效果是不一样的。

四、实验内容及步骤

实验内容图如图2.9所示。

1. 绘制圆锥的三视图

① 遵照"长对正,高平齐,宽相等"的原则绘制圆锥的三视图。

② 利用辅助纬圆法完成圆锥表面各点的作图。

③ 标注字母符号,正确完成不同线型设置。

2. 绘制轴及其断面图

① 绘制轴的主视图。

② 按照移出断面图的绘制方法,绘制键槽的断面图。

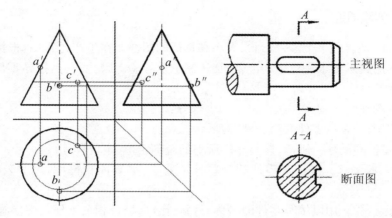

图 2.9 实验内容图

③ 绘制剖切符号并填充断面图。

五、实验报告

按要求绘制出三视图及断面图(其实就是断面处的左视图)并打印输出。

六、预习要求

复习三视图及辅助纬圆法,预习"绘图"工具栏中"多线段"的操作。

七、思考题

① 如何利用极轴追踪满足"三等关系"要求?
② "多线段"有哪些灵活应用。

实验四 用 AutoCAD 绘制零件图

一、实验目的

① 继续练习图案填充、尺寸标注操作。
② 学习建立图块、标注表面粗糙度、添加文本。
③ 学习绘制零件图。

二、实验仪器

PC,AutoCAD 2007 软件。

三、实验原理

零件图是表达单个零件形状、大小和特征的图样。在生产过程中,根据零件图样和图样的技术要求进行生产准备、加工制造及检验。因此,它是指导零件生产的重要技术文件。

零件图作为工程文件包含以下四个部分:

① 视图。表达零件的内、外结构形状。

② 完整的尺寸。制造、检验零件所需的全部定形、定位尺寸。

③ 技术要求。指加工零件的一些技术要求,如表面粗糙度、尺寸公差、几何公差。

④ 标题栏。用以填写零件的名称、材料、比例,以及相关责任人签字等。

1. 堆叠

点击"标注"工具栏中的"编辑标注",选择"新建",删除默认出现的 0。输入%%c150^−0.011,用鼠标选中 0^−0.011,然后点击"文字格式"工具栏中的堆叠图标 $\frac{a}{b}$ 即可实现极限偏差形式的数值输入。

2. 形位公差

点击"标注"工具栏中的"公差"图标,出现"形位公差"输入框(图 2.10)。在相应位置根据零件图中的形位公差标注进行输入。

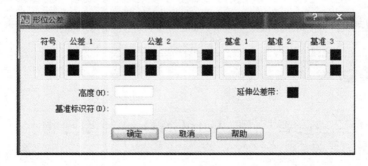

图 2.10 "形位公差"输入框

3. 利用"块"实现表面粗糙度标注

① 首先绘制出表面粗糙度的图形符号,如图 2.11 所示。

② 在下拉菜单中,点击绘图/块/定义属性,打开"定义属性"对话框。

③ 在"属性"区域中的"标记""提示""值"各栏中,分别输入"表面粗糙度的值""粗糙度""$Ra12.5$"等内容;在"文字选项"区域的"高度"栏中输入 0.5(该数值视具体情况而定)。

④ 点击"确定",指定文字基线的端点。
⑤ 点击绘图/块/创建块,打开"块定义"对话框,输入块名"表面粗糙度"。
⑥ 点击"选择对象",选择要生成的图块,点击右键确定。
⑦ 点击"拾取点",选择表面粗糙度符号的插入点。
⑧ 点击"确定",此时可以对表面粗糙度的值进行设定,完成粗糙度符号的制作。如图 2.12 所示。

图 2.11　表面粗糙度符号　　　　图 2.12　完成的表面粗糙度符号

4. 标题栏

点击"绘图"工具栏中的"表格"图标,出现"插入表格"设置框(图 2.13)。根据具体标题栏的行列格式进行相应设置即可。

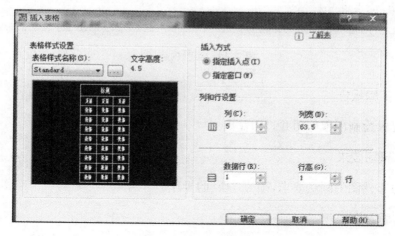

图 2.13　"插入表格"设置框

四、实验内容及步骤

① 绘制阶梯轴和其断面图。
② 进行完整的尺寸标注。
③ 完成表面粗糙度符号的创建和标注。
④ 完成标题栏内容。

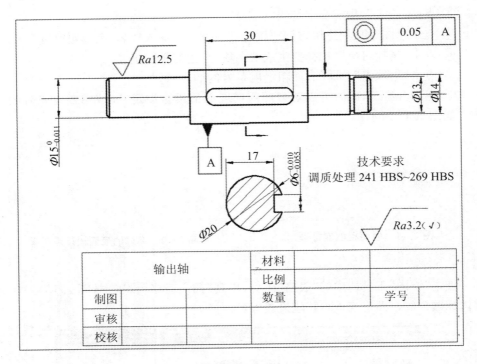

图 2.14 实验内容图

五、实验报告

按要求绘制出零件图并打印输出。

六、预习要求

复习零件图的画法要求,预习"块"的操作。

七、思考题

① 如何绘制基准符号?
② 如何在不同表面灵活插入表面粗糙度符号?

实验五　用 AutoCAD 绘制装配图

一、实验目的

① 继续练习表格绘制、尺寸标注和文字添加操作。
② 学习绘制一张完整的装配图。

二、实验仪器

PC，AutoCAD 2007 软件。

三、实验原理

装配图是表达机器或部件的工作原理、性能要求及各零件间的装配连接关系等内容的图样。在机器或部件的使用过程中，也要根据装配图进行调试、维护等。所以装配图和零件图一样，也是生产中重要的技术文件。

一张完整的装配图包含以下四个部分：

① 一组视图。表达机器或部件的工作原理、各零件的装配图连接关系及主要零件的结构形状等。

② 必要的尺寸。对于装配图，不必像零件图那样标注出每个零件的全部尺寸，只需标注必要的尺寸。

③ 技术要求。用规定的符号或文字说明机器或部件在装配、调试、检验、安装及使用等方面的要求。

④ 零件序号、明细栏和标题栏。

用计算机绘制装配图主要有以下三种方法：

① 直接绘制法。
② 零件图图形库的建立和装配图的组装绘制法。
③ 直接用三维模型生成二维装配图法。

以下以直接绘制法为例进行介绍。

在本实验给出的装配图中，主要涉及配合代号、形位公差和表格的绘制及文字输入等内容。相应的命令和操作已在前面的实验中做了说明，这里再对其中某些操作做进一步说明。

1. 堆叠

装配图中经常出现配合代号的标注。本次所绘制的装配图采用了分数形式标注,分子为孔径公差代号,分母为轴公差代号。

点击"标注"工具栏中的"编辑标注",选择"新建",删除默认出现的 0。输入%%c20H8/f8,用鼠标选中 H8/f8,然后点击"文字格式"工具栏中的堆叠图标$\frac{a}{b}$即可实现配合代号的标注。

2. 创建和编辑表格

(1) 创建表格

① 单击菜单栏中的"格式",选择"表格样式",在"表格样式"对话框中选择"新建",出现"创建新的表格样式"对话框,如图 2.15 所示。

图 2.15 "创建新的表格样式"对话框

② 在"新样式名(N)"中输入"明细栏",点击"继续",出现"新建表格样式:明细栏"对话框(图 2.16)。其中有"数据""列标题"和"标题"三个选项卡。每个选项卡都包括"单元特性"和"边框特性"两个部分内容,可以进行相应设置。

图 2.16 "新建表格样式"对话框

(2) 编辑表格

① 首先认识表格上的控制句柄。在任意表格线上单击鼠标可选中整个表格，同时表格上的句柄会显示出来，它们的作用如图 2.17 所示。

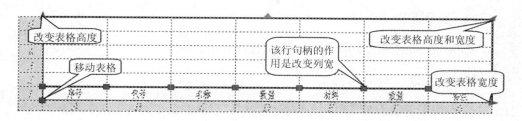

图 2.17　表格上的控制句柄

② 在单元内单击可选中句柄，此时单元边框的中央显示出夹点。拖动单元上的夹点可以调整单元的大小。

要选择多个单元，请单击并在多个单元上拖动。按住 Shift 键并在另一个单元内单击，可以同时选中这两个单元以及它们之间的所有单元。

四、实验内容及步骤

① 绘制浮动支撑装配图。
② 完成必要的尺寸标注和配合代号。
③ 完成标题栏。

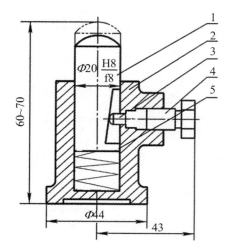

技术要求
装配后支承销活动灵活

5		弹簧	1	55Mn	
4		螺栓	1	Q235	GB/T5782—86
3		滑柱	1	45	
2		支承座	1	HT200	
1		支承销	1	45	
序号	代号	名称	数量	材料	备注
浮动支承			比例	1:1	
制图					
审核					

图 2.18　浮动支撑装配图

五、实验报告

按要求绘制出浮动支撑装配图并打印输出。

六、预习要求

复习装配图的画法要求,预习表格的操作方法。

七、思考题

① 如何在表格中对各单元进行删除、合并,以及改变单元的宽度和高度。
② 如何编辑表格中的文字。

第三章　MATLAB 程序设计实验

一、实验课程简介

"MATLAB 程序设计"课程是电子类专业开设的重要专业课程之一,具有较强的实践性。实验教学是"MATLAB 程序设计"教学的关键环节。通过开展实验教学,使学生能够正确使用 MATLAB 软件进行程序设计。

本实验涵盖了 MATLAB 课程中的重要知识点,从介绍 MATLAB 软件的使用入手,对 MATLAB 软件能够完成的数值计算、符号计算、图形可视化和 GUI 设计、程序设计及其 SIMULINK 仿真进行实验设计,以对 MATLAB 软件编程实践进行指导。

二、实验软件简介

MATLAB 软件是由 MathsWorks 公司开发的,MATLAB 意为矩阵实验室(Matrix Laboratory),主要用于科学与工程计算。MATLAB 软件提供了一种交互式的高级编程语言——M 语言,借助于 M 语言,可以编写脚本程序和函数文件。

本课程实验采用的 MATLAB 软件为 MATLAB R2010a 或 MATLAB R2014a 产品族,主要包括 MATLAB 和 SIMULINK 两部分。采用 Windows 7 三十二位操作系统或 Windows 8 六十四位操作系统。

实验一　MATLAB 软件的安装和简单使用

一、实验目的

① 掌握 MATLAB 软件的安装方法。
② 掌握 MATLAB 软件的界面和使用方法。
③ 学会 MATLAB 的联机帮助系统和命令窗口帮助系统的使用。

二、实验仪器

PC,Windows 操作系统,MATLAB 软件。

三、实验原理

1. MATLAB 软件的安装方法

MATLAB 软件采用了 Windows 图像界面设计，人机界面友好，编程效率高。安装 MATLAB 时，首先应断开与本机相连的互联网，查看操作系统是三十二位还是六十四位。在 MATLAB 安装包里，找到 setup.exe 文件，双击 setup.exe 图标，进入安装界面。选择"使用文件安装密钥"，在"许可协议"中选择"是"。点击下一步，选择"我已有我的许可证的文件安装密钥"，输入密钥。点击"下一步"，选择安装路径。点击"下一步"，选择要安装的产品，建议全选。点击"下一步"，选择快捷方式。点击下一步/安装进行软件安装。安装完成之后，勾选激活。点击"下一步"，勾选"不使用 Internet 手动激活"。点击"下一步"，勾选"输入许可证文件的完整路径(包括文件名)"，浏览到所给的许可证 license.lic。点击"下一步"，激活完成。若 MATLAB 软件不是正版的，还需要根据 Windows 操作系统的位数，到相应的文件夹下，把 libmwservices.dll 拷贝到所安装的 MATLAB 2014a 的 .bin 文件夹中。

2. MATLAB 软件的界面组成

(1) 工具栏

主要包括主页、绘图和应用程序三个面板。

① 主页面板主要包括"FILE""VARIABLE""CODE""SIMULINK""ENVIRONMENT"和"RESOURCES"六个区。

② 绘图面板可以绘制 bar,area,pie,histogram,semilogx,semilogy,loglog,comet,stem,stairs 和 barh 等图形。

③ 应用程序面板主要包括"FILE"和"APPS"两个区。

(2) MATLAB R2014a 软件的界面

主要包括工具栏、当前文件夹窗口、命令窗口和工作空间窗口。

① 在主页面板的环境区，点击"布局"工具，选择默认即可恢复 MATLAB R2014a 软件的默认界面。

② 在当前文件夹窗口，选择运行的 MATLAB 脚本程序，也可以把编辑好的 MATLAB 脚本程序和函数文件保存到当前文件夹窗口的某个文件夹内。

③ 在命令窗口内的≫提示符后，输入 MATLAB 命令或自编的子函数名，运行命令或子函数。常用的 MATLAB 命令如表 3.1 所示。

表 3.1　常用的 MATLAB 命令

命　　令	含　　义
help	显示 MATLAB 命令和 M 文件的帮助信息
clc	清空命令窗口
format	设置数值显示格式
cd	设置当前目录
clear	删除工作空间中的变量
who	查阅工作空间中的变量
whos	查阅工作空间中的变量名、大小、类型和字节数
what	显示当前文件夹的 M 文件、MAT 文件和 MEX 文件
dir	显示指定目录下的文件和子目录清单
type	显示指定 M 文件的内容
which	指出 M 文件、MEX 文件、MAT 文件、工作空间变量、内置函数、SIMULINK 模块所在的目录

3. MAT 数据文件

(1) 把工作空间中的数据存放到 MAT 数据文件中

语法：

save FileName　变量1　变量2…参数　　％将变量保存到文件中

例如：

≫ save FileName1　　　％把全部内存变量保存为 FileName1.mat 文件

≫ save FileName2 a b　　％把变量 a,b 保存为 FileName2.mat 文件

≫ save FileName3 a b -append　　％把变量 a,b 添加到 FileName3.mat 文件中

(2) 从数据文件中取出变量并存放到工作空间

语法：

load FileName　变量1　变量2…

例如：

≫ load Filename1　　　％把 FileName1.mat 文件中的全部变量装入内存

≫ load FileName2 a b　　％把 FileName2.mat 文件中的 a,b 变量装入内存

4. format 数值显示格式设置

在命令窗口内的≫提示符后，输入 help format 查看。格式如下：

format short(默认)

format short e,format short g,format long,format long e,format long g,format rat

format hex,format +,format bank,format compact,format loose

在主页面板的环境区,点击"预设"(Preferences),选择命令窗口也可设置数值的显示格式。

5. MATLAB用户文件格式

(1) 程序文件

程序文件即M文件,其文件的扩展名为.m,包括主程序和函数文件。M文件通过M文件编辑/调试器生成。MATLAB各个工具箱中的函数大部分是M文件。

(2) 数据文件

数据文件即MAT文件,其文件的扩展名为.mat,用来保存工作空间的数据变量。数据文件可以通过在命令窗口中输入save命令生成。

(3) 可执行文件

可执行文件即MEX文件,其文件的扩展名为.mex,由MATLAB的编译器对M文件进行编译产生,其运行速度比直接执行M文件快得多。

(4) 图形文件

图形文件的扩展名为.fig,可以在File菜单中创建和打开,也可由MATLAB的绘图命令和图形用户界面窗口产生。

(5) 模型文件

模型文件的扩展名为.slx和.mdl,是由SIMULINK工具箱建模生成的。.mdl文件是MATLAB以前各版本使用的模型文件类型,是文本文件,.slx是二进制格式文件。

四、实验内容及步骤

① 练习使用MATLAB软件,熟练掌握MATLAB界面中主页、绘图和应用程序三个面板的使用方法。熟练掌握MATLAB界面中工具栏、当前文件夹窗口、命令窗口和工作空间窗口的使用方法。熟练掌握MATLAB常用命令的使用方法。

② 在下列命令中采用FILE区域建立M文件,熟练掌握M文件的建立步骤,采用type命令显示文件内容。

≫a=[1 2 3;4 5 6;7 8 9];
≫b=[1 1 1;2 2 2;3 3 3];
≫c='MATLAB';
≫d=a+b*I;

③ 把下列命令定义的变量存放到 MAT 数据文件中,清空工作空间,从数据文件中取出变量并存放到工作空间,观察工作空间浏览器窗口的变化,查阅 MAT-LAB 内存变量的变量名、大小、类型和字节数。

≫ a=12.5
≫ b='Hello'
≫ c=[1 2;3 4;5 6]

④ 采用 format 命令设置数据显示的格式,并显示出圆周率 π 的值。
⑤ 在命令行下输入变量 c=[1 2;3 4;5 6],点击 PLOTS 面板中按钮,画出其波形图。
⑥ 练习 cd,who,whos,what,which,help,lookfor,path 等命令。

五、实验报告

实验报告要求描述实验的基本步骤及实验代码,用数据和图片给出各个步骤中取得的实验结果,并进行必要的讨论。

六、预习要求

① 掌握 MATLAB 软件的界面组成及常用命令的使用。
② 掌握 M 文件建立的步骤。
③ 掌握 MAT 文件建立的步骤。
④ 掌握 format 数值显示格式设置。

七、思考题

① 建立 MAT 数据文件后,是否可在历史文件中追加数据?
② 建立 M 文件后,怎么显示其内容?
③ 在命令行中输入命令和变量,历史命令窗口和工作空间窗口会发生怎样的变化?

实验二　数组和矩阵处理

一、实验目的

① 掌握数组的相关操作(创建、寻访、运算)方法。
② 掌握矩阵的构建、运算方法及相关函数的应用。

③ 掌握多项式的运算方法。

二、实验仪器

PC，Windows 操作系统，MATLAB 软件。

三、实验原理

1. 数据类型

① 整型：MATLAB 提供了八种内置的数据类型，每种数据类型占用的字节和表示的范围都不同，可以使用类型转换函数对各种整型进行强制转换。

② 浮点型：浮点型包括单精度型（single）和双精度型（double），MATLAB 默认的数据类型为双精度型。

③ 字符型：在 MATLAB 中字符型数据使用单引号（' '）括起来。字符使用 ASCII 码的形式存放，每个字符占 2 字节。

④ 逻辑型：逻辑型数据表示为 true 和 false，每个逻辑型数据占 1 字节。

2. 常数表达式

MATLAB 的数据采用十进制表示，可以用带小数点的形式直接表示，也可以用科学计数法表示。

3. 矩阵和数组的概念

在 MATLAB 的运算中，经常要使用标量、向量、矩阵和数组，这几个名称的定义如下：

① 标量：是指 1×1 的矩阵，即为只含 1 个数的矩阵。

② 向量：是指 1×n 或 n×1 的矩阵，即只有 1 行或者 1 列的矩阵。

③ 矩阵：是 1 个矩形的数组，即二维数组，向量和标量都是矩阵的特例，0×0 矩阵为空矩阵（[ ]）。

④ 数组：是指 n 维的数组，为矩阵的延伸，矩阵和向量都是数组的特例。

4. 复数

复数由实部和虚部组成，MATLAB 用特殊变量 i 和 j 表示虚数的单位。

5. 通过语句生成矩阵

① 使用 from:step:to 方式生成行向量。如果是线性等间距格式的向量，则可以使用 from:step:to 或 from:to 方式生成。使用 linspace 和 logspace 函数生成向量。

② 由函数 zeros(m,n)，ones(m,n)，rand(m,n)，randn(m,n)，magic(N)，eye(m,n)，true(m,n)，false(m,n) 等产生特殊矩阵。

6. 矩阵的下标方式

① 全下标方式。矩阵中的元素可以用全下标方式标记，即由行下标和列下标

表示,1个 $m\times n$ 的 A 矩阵的第 i 行第 j 列的元素表示为 $A(i,j)$。例如"$A(3,2)=6$"表示将矩阵 A 的"第3行第2列"的元素赋值为6。

② 单下标方式。矩阵元素也可以用单下标方式标记,就是先把矩阵的所有列按先左后右的次序排列成一维长列,然后对元素位置进行编号。以 $m\times n$ 的矩阵 A 为例,若元素 $A(i,j)$ 则对应的单下标为 $s=(j-1)\times m+i$。

7. 子矩阵块的产生方式

MATLAB 利用矩阵下标可以产生子矩阵。对于 $a(i,j)$,如果 i 和 j 是向量而不是标量,则将获得指定矩阵的子矩阵块。

① 全下标方式。

A. $a([1\ 3],[2\ 3])$:取行数为1,3,列数为2,3的元素构成子矩阵。

B. $a(1:3,2:3)$:取行数为1～3,列数为2～3的元素构成子矩阵,"1：3"表示1,2,3行下标。

C. $a(:,3)$:取所有行数,即为1～3,列数为3的元素构成子矩阵,"："表示所有行或列。

D. $a(1:3,end)$:取行数为1～3,列数为3的元素构成子矩阵,"end"表示某一维数中的最大值,即3。

② 单下标方式。$a([1\ 3;2\ 6])$:取单下标为1,3,2,6的元素构成子矩阵。

③ 逻辑矩阵。

8. 矩阵的赋值

① 全下标方式。$A(i,j)=B$,给 A 矩阵的部分元素赋值,则 B 矩阵的行列数必须等于 A 矩阵的行列数。

② 单下标方式。$A(s)=b$,b 为向量,元素个数必须等于 A 矩阵的元素个数。

③ 全元素方式。$A(:)=B$,给 A 矩阵的所有元素赋值,则 B 矩阵的元素总数必须等于 A 矩阵的元素总数,但行列数不一定相等。

9. 矩阵和数组运算、关系操作和逻辑操作

10. 运算符优先级

11. 多项式的求值、求根和部分分式展开

① 函数 polyval 可以用来计算多项式在给定变量时的值,是按数组运算规则进行计算的。

② roots 用来计算多项式的根。

语法：

$$r=\text{roots}(p)$$

③ 与函数 roots 相反,用 poly 函数,可以根据多项式的根计算多项式的系数。

语法：

$$p = poly(r)$$

④ 多项式的乘法和除法运算分别使用函数 conv 和 deconv 实现,这两个函数也可以分别用于卷积和解卷运算。

A. 多项式的乘法。

语法:

$$p = conv(p1, p2)$$

B. 多项式的除法。

语法:

$$[q, r] = deconv(p1, p2)$$

四、实验内容及步骤

① 设 $a = \begin{bmatrix} 2 & -1 \\ -2 & -2 \end{bmatrix}, b = \begin{bmatrix} 2 & 3 \\ 0 & -4 \end{bmatrix}, c = \begin{bmatrix} 1 \\ 2 \end{bmatrix}, d = eye(2)$,求解下列运算:

A. $3 \times a$ B. $a + b$
C. $a * b$ D. $a.*b$
E. $a \backslash b$ F. $a. \backslash b$
G. $a.\char`\^ b$ H. 矩阵 a 的逆矩阵

② 设三阶矩阵 A, B 满足 $A^{-1}BA = 6A + BA$,其中,

$$A = \begin{bmatrix} \frac{1}{3} & 0 & 0 \\ 0 & \frac{1}{4} & 0 \\ 0 & 0 & \frac{1}{7} \end{bmatrix}$$

请求出矩阵 B,并代入关系式进行验证。

③ 已知矩阵

$$A = \begin{bmatrix} 11 & 12 & 13 & 14 \\ 21 & 22 & 23 & 24 \\ 31 & 32 & 33 & 34 \\ 41 & 42 & 43 & 44 \end{bmatrix}$$

计算:A. $A(:,1)$ B. $A(2,:)$ C. $A(:,2:3)$
D. $A(:,1:2:3)$ E. (eye(size(A)),A';zeros(size(A)),A^2)

④ 求解下列方程:

A. $X^4+9X^3+8X^2+1=0$

B. $\begin{cases} 2x_1-3x_2+2x_4=8 \\ x_1+5x_2+2x_3+x_4=2 \\ 3x_1-x_2+x_3-x_4=7 \\ 4x_1+x_2+2x_3+2x_4=12 \end{cases}$

⑤ 设矩阵 a,b,c 和 d 的定义如下：

$$a=\begin{bmatrix}2\end{bmatrix} \quad b=\begin{bmatrix}2 & -1 \\ 1 & -4\end{bmatrix} \quad c=\begin{bmatrix}2 & -11 \\ 2 & 0\end{bmatrix} \quad d=\begin{bmatrix}1 & -1 \\ 0 & -8\end{bmatrix}$$

试判断下列表达式的值：

A. $\sim(a>b)$　　　　B. $a>c\&b>c$　　　　C. $c<=d$

五、实验报告

描述实验的基本步骤及实验代码，用数据和图片给出在各个步骤中取得的实验结果，并进行必要的讨论。

六、预习要求

① 掌握数组下标的含义及数组元素的引用。
② 掌握矩阵运算方法，构建特殊矩阵的相关函数。
③ 掌握多项式的定义和运算规则。

七、思考题

① 矩阵与数组算术运算符有哪些区别？
② 矩阵的全下标和单下标表示法的原理是什么？
③ 多项式的乘法和除法可以分别用于卷积与解卷积运算吗？

实验三　符号计算

一、实验目的

① 掌握符号变量及符号表达式的构建。
② 掌握符号表达式的运算方法及相关函数。

二、实验仪器

PC，Windows 操作系统，MATLAB 软件。

三、实验原理

① 由函数产生特殊矩阵。MATLAB 提供了很多能够产生特殊矩阵的函数,主要包括 zeros(m,n),ones(m,n),rand(m,n),randn(m,n),magic(N),eye(m,n),true(m,n),false(m,n)。

② 矩阵的翻转。MATLAB 中可以通过功能强大的矩阵翻转函数对矩阵进行翻转,矩阵翻转函数主要包括 triu(X),tril(X),flipud(X),fliplr(X),flipdim(X,dim),rot90(X)。

③ 矩阵和数组运算。

④ 代数方程。当方程不存在解析解又无其他自由参数时,MATLAB 可以用 solve 命令给出方程的数值解。

⑤ 微分方程求解。MATLAB 提供了 dsolve 命令,可以用于对符号常微分方程进行求解。

⑥ 符号极限。假定符号表达式的极限存在,符号运算工具箱(Symbolic Math Toolbox)提供了直接求表达式极限的函数 limit。

⑦ 函数 diff 是用来求符号表达式的微分。

⑧ 积分分为定积分和不定积分,运用函数 int 可以求得符号表达式的积分。

四、实验内容及步骤

① 创建符号表达式 $f(x)=\sin x+\cos x-\tan x$,并计算该符号表达式在 $x=1, x=2\pi$ 处的值。

② 设 x 为符号变量,$f(x)=x^4+2x^2+1$,$f(x)=x^3+6x^2+3x+5$,试进行如下运算:

A. $f(x)+g(x)$ B. $f(x)\times g(x)$ C. 对 $f(x)$ 进行因式分解

③ 求下列表达式的极限:

A. $(\cos\sqrt{x})^{\frac{\pi}{x}}$ 在 $x\to 0^+$ 时的极限   B. $\dfrac{3\sin x+x^2\cos(1/x)}{(1+\cos x)\ln(1+x)}$ 在 $x\to 0^-$ 时的极限

④ 求下列表达式的积分:

A. $\displaystyle\int \dfrac{1}{x}\sqrt{\dfrac{x+1}{x-1}}\,\mathrm{d}x$ B. $\displaystyle\int_0^8 (\sin x+x)\,\mathrm{d}x$ C. $\displaystyle\iint x\mathrm{e}^{-xy}\,\mathrm{d}x\mathrm{d}y$

⑤ 求下列表达式的微分:

A. $f(x)=\cos(x^2)+\sin^2\dfrac{1}{x}$ 的 2 次微分   B. $f(x)=\sin(x)+x^5$ 的 5 次微分

⑥ 用符号运算计算级数 $2+\dfrac{1}{2}+\dfrac{4}{3}+\dfrac{3}{4}+\dfrac{6}{5}+\dfrac{5}{6}$ 之和。

⑦ 求解下列方程组：
$$\begin{cases} 3x+4y=1 \\ 4x+3y=-1 \end{cases}$$

⑧ 计算下列微分方程：
A. $y''+4y'+4y=e^{-2x}$ 的通解　　B. $x^2y'+xy=y^2, y|_{x=1}=1$

五、实验报告

描述实验的基本步骤及实验代码，用数据和图片给出在各个步骤取得的实验结果，并进行必要的讨论。

六、预习要求

① 掌握单位阵、零矩阵、全 1 矩阵、随机元素矩阵、对角矩阵、伴随矩阵、上三角矩阵和下三角矩阵的生成函数。

② 掌握矩阵的行列式、逆矩阵、矩阵的迹、矩阵的秩、矩阵的三角分解、矩阵的奇异值分解、矩阵的范数、矩阵的特征多项值与特征向量、矩阵的特征多项式、矩阵的特征方程和特征根的函数。

③ 掌握 MATLAB 符号表达式的创建和代数运算方法。

④ 掌握符号方程的求解方法。

⑤ 掌握符号的微积分和积分变换运算方法。

七、思考题

① 求极限、积分和微分时，需要注意哪些事项？

② 求解方程组的方法有哪些？

③ 求解微分方程时，需要注意哪些事项？

实验四　图形设计及界面设计

一、实验目的

① 掌握常用的 MATLAB 绘图方法，包括二维曲线的绘制、三维图形的绘制方法。

② 掌握运用 MATLAB 软件设计图形界面的方法，掌握句柄图形的概念和 GUI 设计方法。

二、实验仪器

PC,Windows 操作系统,MATLAB 软件。

三、实验原理

1. 采用 plot 命令绘制二维曲线

语法：

plot(x)　　　%绘制以 x 为纵坐标的二维曲线

plot(x,y)　　%绘制以 x 为横坐标、y 为纵坐标的二维曲线

2. 多种图形的绘制方法

（1）指定图形窗口

如果需要多个图形窗口同时打开,可以使用 figure 语句。

语法：

figure(n)　　%产生新图形窗口

（2）同一窗口多个子图

如果需要在同一图形窗口中布置几幅独立的子图,则可以在 plot 命令前加上 subplot 命令,以便将一个图形窗口划分为多个区域,每个区域一幅子图。

语法：

subplot(m,n,k)　　%使 m×n 幅子图中的第 k 幅成为当前图

（3）同一窗口多次叠绘

在当前坐标系中绘图时,每调用一次 plot 函数,就会擦掉图形窗口中已有的图形。为了在同一个坐标系中增加新的图形对象,可以用 hold 命令保留原图形对象。

语法：

hold on　　　%使当前坐标系和图形保留

hold off　　 %使当前坐标系和图形不保留

hold　　　　%在以上两个命令间切换

3. 曲线的线型、颜色和数据点型

用不同的线段类型、颜色和数据点型在同一窗口中画出二维曲线。

4. 坐标轴的控制、分格线和文字标注

（1）分格线

使用 grid 命令显示分格线。

语法：

grid on　　　%显示分格线

```
grid off      %不显示分格线
grid          %在以上两个命令间切换
```
(2) 在子图中使用坐标轴、分格线和坐标框控制
```
≫ axis equal          %横、纵轴采用等长刻度
≫ axis([0,3,0,2])     %改变坐标轴范围
```
(3) 文字标注

图形的文字标注是指在图形中添加标志性的注释,包括图名(Title)、坐标轴名(Label)、文字注释(Text)和图例(Legend)。

① 添加图名。

语法:

```
title(s)      %书写图名
```

② 添加坐标轴名。

语法:

```
xlabel(s)     %横坐标轴名
ylabel(s)     %纵坐标轴名
```

③ 添加图例。

语法:

```
legend(s,pos)    %在指定位置建立图例
legend off       %擦除当前图中的图例
```

④ 添加文字注释。

语法:

```
text(xt,yt,s)    %在图形的(xt,yt)坐标处写入文字注释
```

5. 可视化的界面环境

打开可视化界面环境的方法有以下几种:

① 选择菜单 File/New/GUI 命令。

② 在命令窗口输入 Guide 命令或输入 Guide Filename 命令就会出现 Guide 快速开始界面。

在 Guide 快速开始界面中有 Create New GUI 和 Open Existing GUI 两个选项卡。如果要创建空白的可视化图形文件,则选择 Blank GUI(Default),然后单击 OK 按钮,就会出现空白的可视化界面。在完成 GUI 界面设计后,保存生成的两个文件:untitled5.fig 和 untitled5.m。

③ 回调函数的代码添加。要使用按钮 pushbutton1 完成一定任务,需要添加回调函数。编写回调函数的步骤为:选择 Draw 按钮(pushbutton1 按钮)并单击鼠标右键,然后选择菜单 View Callbacks/Callback 命令,进入 pushbutton1_Callback

函数,在函数中添加函数内容。

四、实验内容及步骤

① 在 MATLAB 中采用 plot 命令绘制以下图形:

A. 设 x1=0:0.1:2*pi;y1=sin(x1)。绘制正弦曲线。

B. 设 x2=[0 1 1 2 2 3];y2=[1 1 0 0 1 1]。绘制方波曲线。

C. 设 x1=[1 2 3;4 5 6]。绘制矩形图像。

D. 设 x=0:pi/100:2*pi;y1=sin(x);y2=sin(x+.5);y3=sin(x+1)。绘制多条曲线,采用命令 plot(x,y1,x,y2,x,y3)。

E. 设 x=0:0.1:2*pi;y1=sin(x);y2=cos(x);y3=sin(3*x);y4=cos(3*x)。在同一窗口中,绘制多个子图,参考命令 subplot(2,2,1)。

F. 设 x1=0:0.1:2*pi;y1=sin(x1);x2=-pi:.1:pi;y2=cos(x2)。在同一窗口,实现多次叠绘,参考命令 hold on。

G. 用不同的线段类型、颜色和数据点型在同一窗口中画出 sin(x)和 cos(x)曲线。设 x=0:0.1:2*pi,用红色点画线画出正弦曲线,用蓝色圆圈画出余弦曲线,用点线连接。在图形窗口中添加文字注释、标题、坐标名称、横坐标刻度。在右下角添加图例。

② 举例画出条形图、直方图、饼形图。

③ 绘制 $z=e^{-x^2-y^2}$ 的三维网线图。

④ 举例制作一个"输入参数"对话框和"输出信息"对话框。

⑤ 制作可视化的界面,根据要求选择好正弦波的振幅和频率,画出正弦波,并在可视化的界面中显示。

五、实验报告

描述实验的基本步骤及实验代码,用数据和图片给出在各个步骤中取得的实验结果,并进行必要的讨论。

六、预习要求

① 掌握采用 MATLAB 绘制二维曲线时 plot,subplot 和 hold 等命令的使用方法。

② 掌握曲线的线型、颜色和数据点型。

③ 掌握 MATLAB 特殊图形的绘制方法。

④ 掌握 MATLAB 的三维曲线、三维网线图和三维曲面图绘制命令的使用方法。

⑤ 掌握用户图形界面设计 GUI 的方法。

七、思考题

① 一个完整的二维图应包含哪几个部分？
② 如何添加按钮的回调函数？
③ 在一个图形文件中画几幅图与叠绘的区别有哪些？
④ 二维曲线有几种线型、颜色和数据点型？

实 验 五　程 序 设 计

一、实验目的

① 掌握利用 MATLAB 软件设计内部函数及 M 文件的方法。
② 掌握利用 MATLAB 软件实现顺序、分支、循环和子程序设计的方法。
③ 掌握内联函数的创建、查看和调用的方法。

二、实验仪器

PC, Windows 操作系统, MATLAB 软件。

三、实验原理

① 创建 M 脚本文件。

在 FILE 区, 创建新的 MATLAB 脚本文件, 打开 Editor 编辑器。在 Editor 编辑器输入 M 脚本文件, 点击 File 菜单的 Save All 保存。选择 M 文件编辑器菜单 Debug/Run 命令。

② 使用 for…end 循环结构编写已知循环次数的程序。
③ 使用 while…end 结构编写已知循环条件的程序。
④ 使用条件转移 if…else…end 结构编写不同逻辑表达式的程序。
⑤ 使用 switch…case 开关结构编写不同逻辑表达式的程序。
⑥ 使用 try…catch…end 试探结构编写程序。
⑦ 使用 if 命令与 break 命令结合跳出循环。
⑧ 使用 if 命令与 continue 命令结合跳出本次循环。
⑨ 在 MATLAB 界面中选择菜单 File/New/Function 命令, 可创建一个新的函数文件。在 Editor 编辑器中输入 M 函数文件, 点击 File 菜单的 Save All 保存。

⑩ M 函数文件的基本格式如下：

函数声明行

H1 行(用％开头的注释行)

在线帮助文本(用％开头)

编写和修改记录(用％开头)

函数体

说明：

A. 函数声明行以 function 引导，是 M 函数文件必须有的，M 脚本文件不需有；函数名和文件名一致，当不一致时，MATLAB 以文件名为准，Ex0502 函数保存在 Ex0502.m 文件中。函数声明行的格式为：function［输出变量列表］＝函数名（输入变量列表）。

B. H1 行通常包含大写的函数文件名，可以提供 help 和 look for 关键词用于查询。

C. 在线帮助文本通常包含函数输入/输出变量的含义和格式说明。

D. 编写和修改记录一般在空一行后，记录作者、日期和版本等，用于软件档案管理。

E. 函数体由 MATLAB 的命令或者通过流程控制结构组织的命令组成。通过函数体实现函数的功能。

⑪ 在一个 M 函数文件中，可以包含一个以上的函数，其中只有一个是主函数，其他均为子函数。

A. 在一个 M 函数文件中，主函数必须出现在最上方，其后是子函数，子函数的次序不受任何限制。

B. 子函数不能被其他文件的函数调用，只能被同一文件中的函数（可以是主函数或子函数）调用。

C. 同一文件的主函数和子函数变量的工作空间相互独立。

D. 用 help 和 look for 命令不能获取子函数的帮助信息。

⑫ 内联函数的创建：

A. 创建内联函数可以使用 inline 命令实现。

语法：

inline('string',arg1,arg2,…)

B. 查看内联函数。可以用 MATLAB 中的 char,class 和 argnames 命令方便地查看内联函数的信息。

语法：

char(inline_fun)　　　　　％查看内联函数的内容

class(inline_fun)　　　　％查看内联函数的类型
argnames(inline_fun)　　％查看内联函数的变量

C. 执行内联函数。内联函数还可以直接使用 feval 命令执行。

语法：
$$[y1,y2,\cdots]=\text{feval}(\text{inline\_fun},\text{arg1},\text{arg2}\cdots)$$

四、实验内容及步骤

1. 编写 M 脚本程序文件

① 使用 for…end 循环编程求出 $1+3+5+\cdots+99$ 的值。

② 使用 for…end 循环将单位阵 zeros(6,1)转换为列向量。

③ 使用 while…end 结构求 $y=1+\dfrac{1}{3}+\dfrac{1}{5}+\cdots+\dfrac{1}{2n-1}$ 中 $y<3$ 时的最大 n 值和 y 值。

④ 使用 if…else…end 条件转移结构并根据不同的分段表达式

$$f(x)=\begin{cases}\sqrt{x} & 0\leqslant x<4 \\ 2 & 4\leqslant x<6 \\ 5-x/2 & 6\leqslant x<8 \\ 1 & x\geqslant 8\end{cases}$$

绘制分段函数曲线。

⑤ 使用 switch…case 开关结构得出各月份的季节。

⑥ 使用 if 与 break 命令结合，停止用 while 循环。计算 $y=1+\dfrac{1}{3}+\dfrac{1}{5}+\cdots+\dfrac{1}{2n-1}$ 的值，并在 $y\geqslant 3$ 时终止计算。

2. 编写子函数 function 文件

编写计算二阶系统时域响应的子函数文件，并在 MATLAB 命令窗口中调用该文件。例如，在 MATLAB 命令窗口输入以下命令，则会出现 f 的计算值和绘制的曲线：

$$\gg f=\text{function1}(0.2)$$

二阶系统时域响应可以用下式描述：

$$y=\begin{cases}1-\dfrac{1}{\sqrt{1-\xi^{-2}}}e^{-\xi x}\sin(\sqrt{1-\xi^{-2}}x+a\cos x) & 0<\xi<1 \\ 1-(1+x)e^{-x} & \xi=1 \\ 1-\dfrac{1}{\sqrt{1-\xi^{2}}}\left(\dfrac{e^{-(\xi-\sqrt{\xi^{2}-1})x}}{\xi-\sqrt{1-\xi^{2}}}-\dfrac{e^{-(\xi+\sqrt{\xi^{2}-1})x}}{\xi+\sqrt{1-\xi^{2}}}\right) & 1<\xi\end{cases}$$

3. 内联函数的创建

把 sin(x)*exp(-z*x) 作为内联函数。

① 创建内联函数：

>> f=inline('sin(x)*exp(-z*x)','x','z');

② 调用函数：

>> y=f(5,0.3)

③ 查看内联函数的信息：

>> char(f)

④ 使内联函数转换为适合于数组运算的函数：

>> ff=vectorize(f)

⑤ 执行内联函数：

>> x=0:2:20;

>> z=0:1:10;

>> y=feval(ff,x,z)

五、实验报告

要求描述实验的基本步骤及实验代码，用数据和图片给出在各个步骤中取得的实验结果，并进行必要的讨论。

六、预习要求

① 掌握 for…end 循环结构和 while…end 循环结构。

② 掌握条件转移结构 if…else…end 和开关结构 switch…case。

③ 掌握试探结构 try…catch…end。

④ 掌握 break 命令、continue 命令、return 命令和 input 命令的含义和使用方法。

⑤ 掌握子函数的结构和调用方法。

⑥ 掌握内联函数的创建、查看和调用方法。

七、思考题

① 在循环语句中，break 命令和 continue 命令的区别是什么？

② for…end 循环结构和 while…end 循环结构各能实现什么类型的循环结构？

③ if…else…end 结构和 switch…case 结构各实现什么类型的分支结构？

实验六 Simulink 仿真

一、实验目的

① 掌握 MATLAB 软件的 Simulink 模块库的组成和常用模型的使用。
② 掌握利用 MATLAB 软件进行连续系统和离散系统仿真的方法。
③ 掌握 MATLAB 软件的子系统封装。

二、实验仪器

PC，Windows 操作系统，MATLAB 软件。

三、实验内容

① Simulink 文件操作。以下几种操作可以新建仿真模型文件：
A. 在 MATLAB 的命令窗口选择菜单 File/New/Model 命令。
B. 在 Simulink 模块库浏览器窗口选择菜单 File/New/Model 命令。
C. 在 Simulink 模型窗口选择菜单 File/New/Model 命令。
② 练习使用 Sources 模块库、Sinks 模块库、Math Operations 模块库、Continuous 模块库和 Commonly Used Blocks 模块库中的模型。
③ 设置输入信号源 Sine Wave(正弦信号)模块的参数。
④ 设置输入信号源 Step(阶跃信号)模块的参数。
⑤ 设置从工作空间获取数据模块 From Workspace 的参数。
⑥ 设置从数据文件获取数据模块 From File 的参数。
⑦ 设置传递函数模块 Transfer Funtion 的参数。
⑧ 熟练使用示波器模块 Scope。
⑨ 熟练掌握在 Simulink 下子系统的封装方法。

四、实验步骤

① 使用示波器模块 Scope 测试正弦波(正弦信号)Sine Wave 模块。
② 若在命令行中输入 t＝0：0.1：10；y＝sin(t)。通过从工作空间获取数据模块 From Workspace，获取工作空间中的正弦波数据，通过示波器显示。
③ 若在命令行中输入 t＝0：0.1：2＊pi；y＝sin(t)；y1＝[t;y]；save Ex61 y1。通过从数据文件获取数据模块 From File，获取数据文件中的正弦波数据，通

过示波器显示。

④ 建立如图 3.1 所示的二阶系统的仿真模型,观察二阶系统的时域响应。

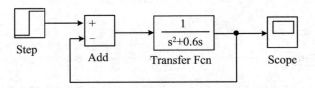

图 3.1　二阶系统的仿真模型

⑤ 试将实验步骤④中的二阶系统封装为一个子系统。

五、实验报告

描述实验的基本步骤及实验代码,用数据和图片给出在各个步骤中取得的实验结果,并进行必要的讨论。

六、预习要求

① 掌握在 Simulink 中常用模块库的使用方法。
② 掌握在 Simulink 下连续系统的仿真过程。
③ 掌握在 Simulink 下子系统的封装方法。

七、思考题

① 从工作空间获取数据模块 From Workspace,可以要求工作空间变量为列向量吗?
② 在 Simulink 下对子系统进行封装需要注意的事项有哪些?

第四章 通信系统仿真实验

一、实验课程简介

按照传统的理解,通信就是信息的传输,信息的传输离不开它的传输工具,通信系统由此应运而生。随着通信技术的日新月异,通信系统日趋复杂。因此,在通信系统的设计研发过程中,通信系统的软件仿真已成为必不可少的一部分。目前,电子设计自动化 EDA(Electronic Design Automatic)已成为通信系统设计的主潮流。为了使复杂的设计过程更加便捷高效,使得分析与设计所需的时间和费用降低,美国 Elanix 公司推出的基于 PC 机 Windows 平台的 SystemView 动态系统仿真软件,是一个比较流行的、优秀的仿真软件。

通信仿真系统将通信原理的基础知识灵活地应用在实验教学环节中,可独立,也可组合/综合实施多项实验教学。本实验仿真电路原理清楚,重点突出,实验内容丰富,共有十二个实验,涵盖通信原理的重点知识。其仿真电路选择准确,具有一定的代表性,旨在提高学生分析问题、解决问题的能力及动手能力,并使学生进一步巩固理论基础知识,建立完整的通信系统的概念,为后续专业课程的学习奠定必要的基础。

二、通信系统仿真教学实验系统

通信系统仿真教学实验包含十二个实验,即 SystemView 运行界面与仿真过程、SystemView 分析窗口、分析窗口的接收计算器、建立通信模型的操作步骤、模拟线性调制系统、模拟角度调制系统、通信系统中的锁相环、数字信号的基带传输、数字信号的载波传输、模拟信号的数字传输、扩频通信系统的仿真、通信系统的同步原理。通过这些实验,同学们可以加强通信原理的知识,并对通信系统的传输方式和技术有更深的理解。

三、SystemView 简介

SystemView 是美国 Elanix 公司推出的、基于 Windows 环境的、用于系统仿真分析的可视化软件工具。它界面友好,使用方便。SystemView 是一个信号级的系统仿真软件,主要用于电路与通信系统的设计、仿真,是一个强有力的动态系统分析工具,能满足从数字信号处理、滤波器设计到复杂的通信系统等不同层次的设计、仿真要求。利用它可以构建各种复杂的模拟、数字、数模混合及多速率系统,可用于各种线性、非线性控制系统的设计和仿真。

　　SystemView 基本属于一个系统级工具平台,可进行包括数字信号处理(DSP)系统、模拟与数字通信系统和控制系统的仿真分析,并配置了大量图符块(Token)库,用户很容易构造出所需要的仿真系统:只要调出有关图符块并设置好参数,完成图符块间的连线后运行仿真操作,就可以时域波形、眼图、功率谱、星座图和各类曲线形式给出系统的仿真分析结果。SystemView 的库资源十分丰富,主要包括:含若干图符库的主库(Main Library)、通信库(Communications Library)、信号处理库(DSP Library)、逻辑库(Logic Library)、射频/模拟库(RF Analog Library)和用户代码库(User Code Library)。因此,SystemView 软件操作简单方便,用户只需从各个库中选取合适图符并拖拽至 SystemView 的设计界面,然后点击图符进行相应的参数设置,并在设计界面通过连线将各个图符连接起来即可。图 4.1 是 SystemView 的设计界面。

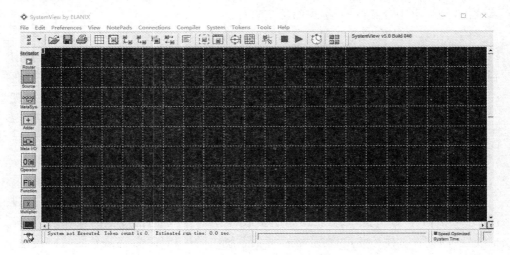

图 4.1　SystemView 的设计界面

实验一 SystemView 运行界面与仿真过程

一、实验目的

① 掌握进入 SystemView 的界面并建立简单系统的方法。
② 熟习 SystemView 的操作界面,初步掌握其使用方法和步骤。

二、实验仪器

计算机。

三、实验原理

产生一个正弦波信号,并对其进行平方运算,最终显示结果如图 4.2 所示。

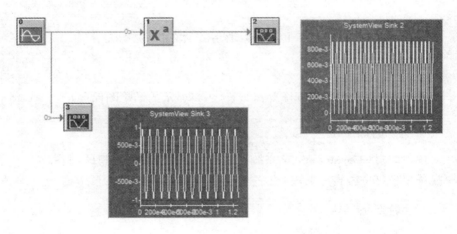

图 4.2 信号的平方运算结果

四、实验步骤

① 进入 SystemView 界面。双击桌面上的 SystemView 快捷图标或单击程序组中的 SystemView 即可进入。

② 设置系统运行时间。单击工具条中的系统定时 ⏰（SystemView Time）按钮,把采样速率 Sample Rate 设置为 100 Hz,采样点数 No. of Sample 设置为 128。

③ 定义一个幅度为 1 V,频率为 10 Hz 的正弦信号源。从图符库中拖出一个信号源图符 (Source)到设计窗口,双击该图符,在出现的信号源窗口中,选择周期信号的正弦信号 Sinusoid,按 Parameter 按钮,将参数设置窗口中的频率 Frequency 定义为 10,图符变成 。

④ 定义一个平方运算的函数图符。从图符库 Function 中拖动一个函数图符 至设计窗口,双击该图符,在出现的函数库窗口中,选择代数库 Algebraic 中的 X^a,并在参数设置窗口中的文本框中输入 2。

⑤ 定义两个接收图符。拖动两个接收图符 到设计窗口,双击并将它们定义为 Graphic Display 的 SystemView 信号接收类型 。

⑥ 连接图符。将信号源图符(正弦输出)分别连接到函数图符和接收图符,再将函数图符的输出连接到另一个接收图符。

⑦ 运行系统。单击工具条中的运行按钮 ▶ ,这时在第一个接收图符显示区中显示出正弦信号,在第二个接收图符显示区中显示出平方后的信号,如图 4.2 所示。

⑧ 结束仿真。通过选择 File/Save,保存设计的内容。

五、实验报告

根据实验绘制出仿真原理图并运行程序,将显示的结果图保存。

六、预习要求

① 预习教材中 SystemView 系统窗口和设定系统定时窗口的内容。
② 预习教材中图符库的内容。

七、思考题

① 若将实验步骤②中的采样速率 Sample Rate 设置为 10 Hz,采样点数 No. of Sample 不变,仿真结果是否有变化? 为什么?

② 若将实验步骤②中的采样速率 Sample Rate 设置为 100 Hz,采样点数 No. of Sample 设置为 10,仿真结果是否有变化? 为什么?

实验二 SystemView 分析窗口

一、实验目的

通过对简单系统中分析窗口的观察,熟习 SystemView 的分析窗口界面,并初步掌握其使用方法和步骤。

二、实验仪器

计算机。

三、实验原理

产生一个正弦波信号,对其进行平方运算(见图 4.3),运行结果,并在分析窗口显示信号波形和频谱。

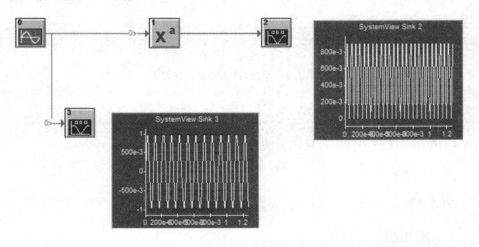

图 4.3 信号的平方运算结果

四、实验步骤

① 按实验一的步骤绘制仿真图,并在分析窗口中显示信号。单击 ▦ (Analysis)按钮进入分析窗口,这时可以看到两个图形,一个是 10 Hz 的正弦信号,另一个是平方后的信号。

② 对输入的信号进行频谱分析。单击接收计算器按钮 $\sqrt{\alpha}$,选择 Spectrum

分析按钮,并分两次选中 W0,W1,就会出现两个新的图形,分别对应前面两个波形的频谱图,其中一个出现在 10 Hz 的位置上(对应于正弦波),另一个出现在 20 Hz 的位置上(对应于正弦波的平方)。结果如图 4.4 所示。

③ 结束仿真。通过选择 File/Save 保存设计的内容。

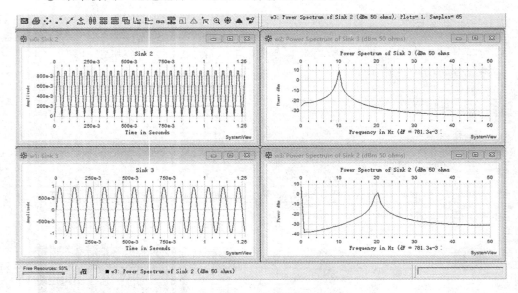

图 4.4　输入/输出信号与频谱

五、实验报告

将仿真原理图和分析窗口结果图进行保存。

六、实验预习

预习教材中有关分析窗口的内容。

七、思考题

为什么输入正弦信号经过平方后,信号频率由 10 Hz 变为 20 Hz?

实验三 分析窗口的接收计算器

一、实验目的

① 通过对简单系统中分析窗口的观察,熟习 SystemView 的分析窗口界面。
② 通过练习,进一步加深对分析窗口中接收计算器使用方法的理解。

二、实验仪器

计算机。

三、实验原理

产生一个正弦波信号,并对其进行双边带调制,运行结果,并在分析窗口显示信号波形和频谱,如图 4.5 所示。

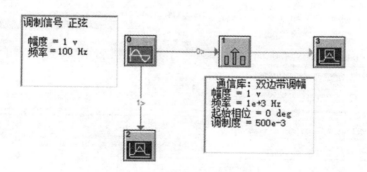

图 4.5 接收计算器的使用练习

四、实验步骤

① 点击菜单栏 File,选择 New System 建立一个新文件。
② 定义一个幅度为 1 V、频率为 100 Hz 的正弦信号。

定义一个调制图符。按快捷键 切换到通信图符库 Comm,从图符库中拖拽一个图符 至设计窗口,双击该图符,选择调制器 Modulators 中的 DSB-AM,

并在参数设置窗口中的文字框中输入幅度 1 V、频率 1 000 Hz、调制度 0.5,确认后退出。此时图符变成 ▦。

③ 设置系统运行时间。将采样速率 Sample Rate 设置为载波频率的 10 倍,即 10e+3,将采样点数 No. of Sample 设置为 1 024。定义两个接收图符。拖拽两个接收器图符到设计窗口,双击它们,将它们都定义为 Analysis 的信号接收类型 ▦。

④ 连接图符。将信号源图符(正弦波输出端)分别连接到调制图符和接收图符,再将调制图符的输出端连接到另一个接收图符。

⑤ 运行系统。

⑥ 单击 ▦ (Analysis)快捷按钮,进入分析窗口,这时可以看到两个信号,一个是 100 Hz 的正弦信号,另一个是调制后的信号。

⑦ 对输入信号进行频谱分析。单击 √α 接收计算器按钮,出现如图 4.6 所示的接收计算器功能选择窗口。选择 Spectrum 分析按钮,并分两次选中 W0,W1,就会出现两个新的图形 W2,W3,分别对应前面两个波形的频谱图,其中一个出现在 100 Hz 的位置上(对应未调制的正弦波),另一个出现在中心频率为 100 Hz 的位置上,并显示出载波和上、下两个边带的频谱,如图 4.7 所示。

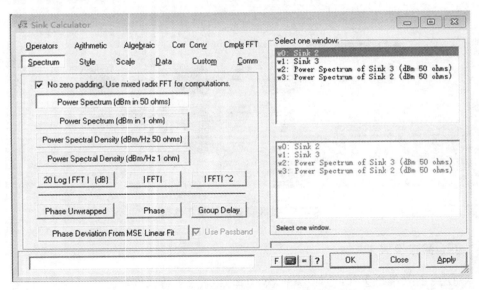

图 4.6 接收计算器的功能选择窗口

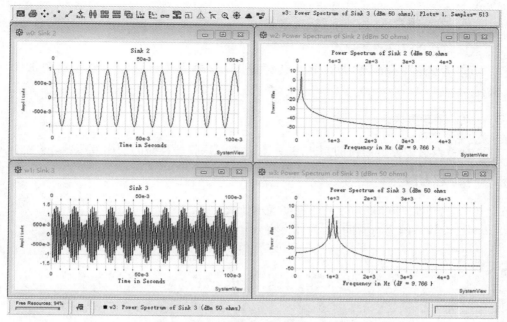

图 4.7　双边带调幅输出波形及频谱

⑧ 将两个频谱图叠加显示。单击"接收计算器"按钮,选择 Operators 下的 Overlay Plots 分析按钮,按住 Ctrl 键的同时单击 W2,W3 就会出现一个新的图形,如图 4.8 所示,两个频谱分别用不同的颜色表示。用鼠标双击图形顶部的说明文字,可将其修改成汉字。

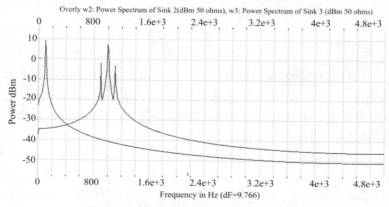

图 4.8　未调信号与已调信号的频谱叠加

⑨ 结束仿真,保存用户系统。通过选择 File 菜单中的 Save 命令保存设计的内容。

五、实验报告

① 将仿真设计界面保存。
② 将双边带调幅输出波形及其频谱图、未调信号与已调信号频谱叠加图保存。

六、预习要求

预习教材中分析窗口的相关内容,重点预习接收计算器的使用方法。

七、思考题

① 调制器 Modulators 的调制度表示什么含义?
② 设置系统运行时间时,为什么将采样速率设置为载波频率的 10 倍?

实验四 建立通信模型的操作步骤

一、实验目的

通过建立通信系统模型,熟习通信原理的知识,并熟练使用 SystemView 软件。

二、实验仪器

计算机。

三、实验原理

在设计区放置两个信号源图符:将其中一个定义为周期正弦波,频率为 20 kHz,幅度为 5 V,相位为 45°;将另一个定义为高斯噪声,标准方差为 1,均值为 0。

① 将二者通过一个加法器图符连接起来,同时放置一个实时接收器,并连接到加法器的输出端,观察输出波形。
② 定义一个线性系统算子。将其设置为一个 Analog 类型的 5 极点巴特沃斯低通滤波器,截止频率为 300 Hz。使之前定义的高斯噪声通过此低通滤波器后,再与之前定义的正弦波相乘,观察输出波形。实验仿真电路图如图 4.9 所示。

四、实验步骤

① 点击菜单栏 File,选择 New System 建立一个新文件。

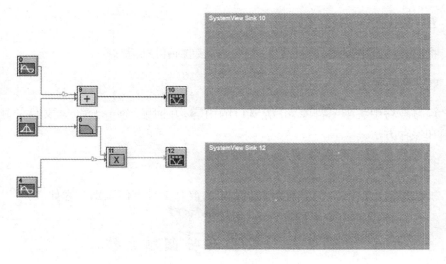

图 4.9 仿真电路图

② 定义两个幅度为 1 V、频率为 100 Hz 的正弦信号(图符 0,4)。
③ 定义一个三阶的巴特沃斯低通滤波器(图符 6)。
④ 在设计窗口分别放置一个加法器和乘法器,并放置两个实时接收器,将图形设置为 SystemView。
⑤ 运行系统,在设计窗口显示的结果如图 4.10 所示。

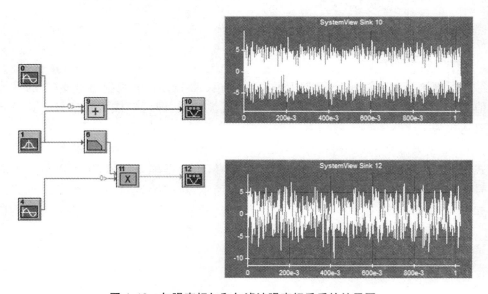

图 4.10 与噪声相加和与滤波噪声相乘后的结果图

五、实验报告

将实验仿真电路图、运行后实时接收器接收到的结果保存。

六、预习要求

预习教材中关于图符库、分析窗口的内容,并回顾 SystemView 文件的建立、使用和保存方法。

七、思考题

加法器输出的混合信号与乘法器输出的混合信号有何区别?为什么?

实验五　模拟线性调制系统

一、实验目的

通过建立标准幅度调制系统,掌握 AM 调制频谱的特点,并熟练使用 SystemView 软件。

二、实验仪器

计算机。

三、实验原理

标准调幅就是常规双边带调幅,简称调幅(AM)。假设调制信号 $m(t)$ 的平均值为 0,将其叠加一个直流分量 A_0 后再与载波相乘,即可形成调幅信号。其时域表达式为

$$S_{AM} = (A_0 + f(t))\cos(\omega_c t) = A_0 \cos(\omega_c t) + f(t)\cos(\omega_c t)$$

式中,A_0 为外加的直流分量;$f(t)$ 是调制信号,可以是确知信号,也可以是随机信号。常规的 AM 调制系统原理图如图 4.11 所示,对应的 SystemView 仿真电路图如图 4.12 所示。

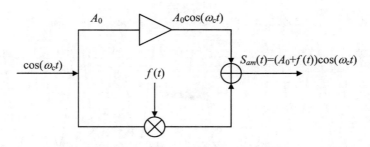

图 4.11　常规的 AM 调制系统原理图

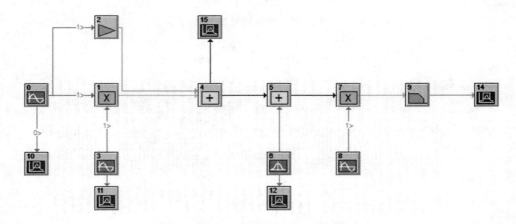

图 4.12　AM 的 SystemView 仿真电路图

四、实验步骤

① 建立一个新文件。

② 按照图 4.12 仿真电路依次从图符库中拖拽出各个图符,双击图符进行参数设置。其中,图符 0 是 1 V,100 Hz 的载波;图符 3 是 1 V,10 Hz 的正弦调制信号;图符 8 是用于解调的同步载波;图符 2 是增益参数 Gain=1.5;图符 9 是三阶低通巴特沃斯滤波器。

③ 设置系统时间。其中,Samle Rate=1 000 Hz,No. of Sample=1 024。

④ 运行系统,进入分析窗口并观察运行结果,如图 4.13～图 4.16 所示。

⑤ 保存结果。

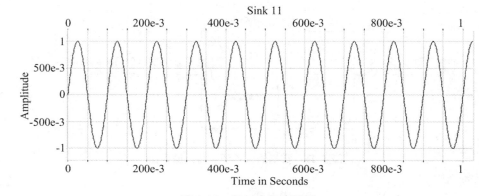

图 4.13　调制信号波形图

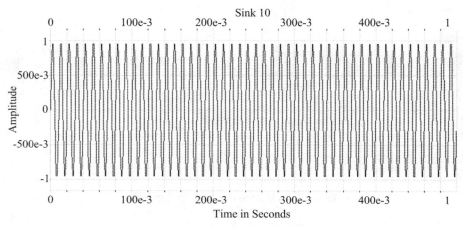

图 4.14　载波信号波形图

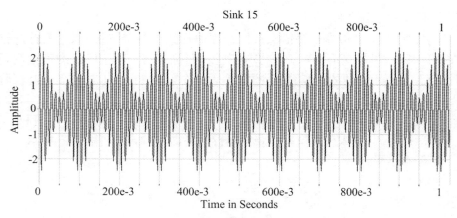

图 4.15　已调信号波形图

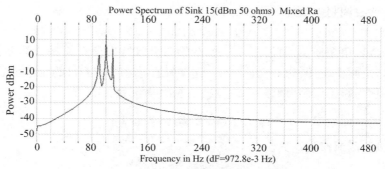

图 4.16　已调信号频谱图

五、实验报告

① 分别将实验仿真电路图、调制信号、载波信号、已调信号波形图保存。
② 将已调信号频谱图保存。

六、预习要求

预习教材中关于模拟线性调制的内容,并回顾分析窗口的使用方法。

七、思考题

① 在设置系统时间时对 Sample Rate 有什么要求?
② 对已调信号的频谱图进行分析。

实验六　模拟角度调制系统

一、实验目的

通过建立模拟角度调制系统,掌握频率调制(FM)频谱的特点,并熟练使用 SystemView 软件。

二、实验仪器

计算机。

三、实验原理

1. 角度调制

角度调制分为频率调制和相位调制。本实验以频率调制为例进行分析与仿

真。在连续波调制中,载波可表示为
$$c(t) = A\cos(\omega_c t + \phi)$$
其中,幅度 A、角频率 ω_c 和相位 ϕ 三个参数都可以携带信息而构成调制信号。如果幅度 A、角频率 ω_c 保持不变,当瞬时角频率是调制信号 $f(t)$ 的线性函数时,这种调制方式称为频率调制(调频)。调频波的瞬时相位为
$$\phi(t) = \omega_c + K_{FM}\int f(t)dt$$
因此,调频波的时域表达式为
$$S_{FM}(t) = A\cos\left(\omega_c t + K_{FM}\int f(t)dt\right)$$
其中,K_{FM} 是调频器的灵敏度,单位为 $rad/(s \cdot V)$。如果调频信号最大瞬时相位偏移保持在很小的范围内,一般小于 $30°$,即满足
$$\left|K_{FM}\int f(t)dt\right|_{max} \ll \frac{\pi}{6}$$
此时称之为窄带调频。当 $K_{FM}\left|\int f(t)dt\right|_{max} \ll 1$ 时,
$$\sin\left(K_{FM}\left|\int f(t)dt\right|_{max}\right) \approx K_{FM}\left|\int f(t)dt\right|_{max}$$
则可将窄带调频表示简化为
$$S_{FM}(t) = A\cos\left(\omega_c t + K_{FM}\int f(t)dt\right)$$
$$= A\cos(\omega_c t) - AK_{FM}\left(\int f(t)dt\right)\sin(\omega_c t)$$

将上式作为数学模型,可绘制出窄带调频原理框图,如图 4.17 所示,对应的 System View 仿真电路如图 4.18 所示。

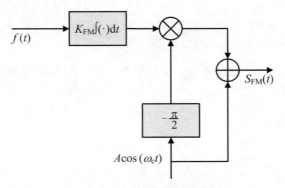

图 4.17　窄带调频原理框图

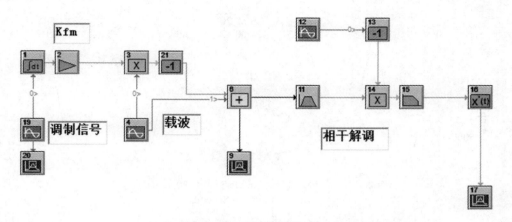

图 4.18　System View 仿真电路图

2. 窄带调制信号的解调

由于窄带调频可以由乘法器来实现,因此一定可以用相干解调的方法来恢复原调制信号。图 4.19 所示为窄带调频信号相干解调原理图。图 4.18 的右半部分就是相干解调的仿真设计图,其中带通滤波器(图符 11)的作用是通过调频信号与抑制噪声,其带宽为已调信号频谱的两倍。低通滤波器(图符 15)的带宽为调制信号的带宽,其作用是滤除由乘法器产生的不必要的成分,提取出原调制信号。

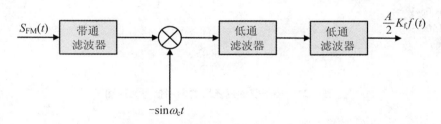

图 4.19　窄带调频信号相干解调原理图

四、实验步骤

① 建立一个新文件。

② 按照图 4.18 仿真电路图依次从图符库中拖拽图符至设计界面,双击各个图符进行参数设置。其中,图符 19 是 1 V,5 Hz 的调制信号;图符 4 是 1 V,50 Hz 的载波信号;图符 2 是增益参数 Gain=0.1;图符 11 是带通滤波器;图符 15 是三阶低通巴特沃斯滤波器;图符 16 是微分器。

③ 设置时间。其中,Sample Rate=200 Hz,No. of Sample=256。

④ 运行系统,进入分析窗口并观察运行结果,如图 4.20 和图 4.21 所示。

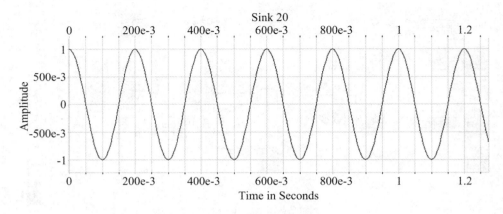

图 4.20 调制信号波形图

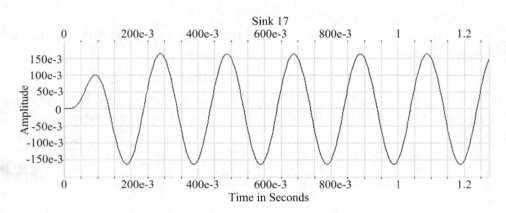

图 4.21 相干解调后还原的调制信号波形图

五、实验报告

将实验仿真电路图、调制信号和还原后的调制信号波形图分别保存。

六、预习要求

预习教材中关于窄带调频和解调的内容,并回顾分析窗口的使用方法。

七、思考题

① 本实验中如何设置带通滤波器的通带频率及低通滤波器的截止频率?
② 为什么相干解调后还原的调制信号波形在初始相位会有波动?

实验七　通信系统中的锁相环

一、实验目的

通过建立锁相环系统,掌握 PLL(锁相环路,或称锁相环)电路的原理和特点,使用锁相环解调 FM 信号,并熟练使用 SystemView 软件。

二、实验仪器

计算机。

三、实验原理

锁相环最基本的工作原理图如图 4.22 所示,它由三个基本的部件组成:鉴相器(PD)、环路滤波器(LPF)、压控振荡器(VCO)。

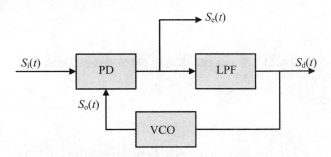

图 4.22　锁相环工作原理图

所谓锁相环路,实际是指自动相位控制电路(APC),它是利用输入信号 $S_i(t)$ 和压控振荡器输出信号 $S_o(t)$ 的相位误差,通过环路自身调整作用,实现频率准确跟踪的系统,称为锁相环路(PLL),简称环路。

锁相环具有良好的跟踪性能,若输入 FM 信号时,让环路通带足够宽,使信号的调制频谱在带宽之内,则压控振荡器的频率随跟踪输入信号的频率的变化而变化(可以简单地认为,压控振荡器与输入信号之间的跟踪误差可以忽略)。因此振荡器的角频率 $\omega_v(t)$ 与 FM 波的瞬时角频率 $\omega_{FM}(t)$ 相等。根据相关知识,有

$$\omega_{FM}(t) = \omega_0 + K_F f(t); \quad \omega_v(t) = \omega_{0'} + K_v S_d(t)$$

二者相等时,可得

$$S_d(t) = \frac{\omega_0 - \omega_{0'}}{K_v} + \frac{K_f}{K_v} f(t)$$

其中，ω_0 为 FM 载波频率，ω_0' 为压控振荡器的固有频率，两者都是常量，K_v 为压控灵敏度，K_f 为调频灵敏度。所以上式第一项为直流项，可用隔直元件消除，因此可得

$$S_d(t) \approx \frac{K_f}{K_v} f(t)$$

可见，除去常系数 K_f/K_v 一项，锁相环的输出信号就近似等于原调制信号 $f(t)$。锁相环在通信系统中最常见的应用就是作为 FM 解调，如图 4.23 所示。

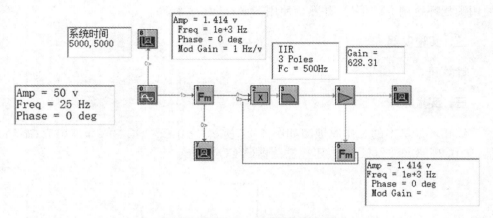

图 4.23 用一阶 PLL 实现的 FM 解调器仿真电路图

四、实验步骤

① 建立一个新文件。

② 按照图 4.23 仿真电路图依次从图符库中拖拽图符至设计界面，双击各个图符进行参数设置。其中，图符 1,5 是从函数库中选取 Phase/Freq 的 FM 调制器。

③ 设置系统时间。

④ 运行系统，进入分析窗口并观察运行结果，如图 4.24 所示。

五、实验报告

将实验仿真电路图、PLL 解调器的输出波形图分别保存。

六、预习要求

预习教材中关于锁相环的内容，并回顾分析窗口的使用方法。

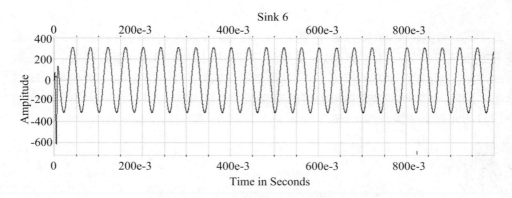

图 4.24 PLL 解调器的输出波形图

七、思考题

① 本实验中锁相环的作用是什么？
② 为什么一阶 PLL 解调器的输出波形在初始相位的幅度变化较大？

实验八 数字信号的基带传输

一、实验目的

验证奈奎斯特第一准则，加深对数字信号基带波形串扰及升余弦滚降滤波特性的认识，并熟练使用 SystemView 软件。

二、实验仪器

计算机。

三、实验原理

传输数字基带信号主要的约束因素是系统的频率特性，当基带脉冲信号通过系统时，系统的滤波作用使脉冲拖宽，在时域上，它们重叠到附近的时隙中去。接收端按约定的时隙对各点进行抽样，并以抽样时刻测定的信号幅度为依据进行判决，以此来导出原脉冲的信息。若重叠到临近时隙内的信号太强，就可能发生错误判决，从而产生码间串扰。奈奎斯特第一准则给出了消除这种码间串扰的方法，并指出了信道带宽与码速率的基本关系，即

$$R_b = \frac{1}{T_b} = 2f_N = 2B_N$$

其中,R_b 为传码率,单位为 B(波特)。f_N 和 B_N 分别为理想信道的低通截止频率和奈奎斯特带宽。假定有一数字基带信号,其传码率为 100 B,则按照奈奎斯特第一准则,为保证数字基带信号的无失真传输,传输信道的带宽必须要在 50 Hz 以上。同理,如果数字基带信号的传码率高于 100 B,则在 50 Hz 的带宽下不能保证信号的无失真传输。图 4.25 为验证奈奎斯特第一准则的仿真电路图。

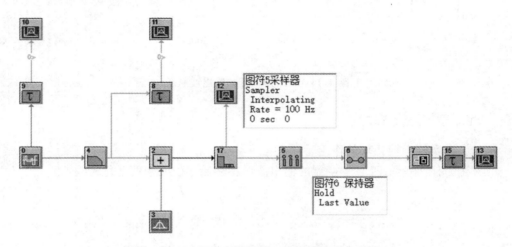

图 4.25 验证奈奎斯特第一准则的仿真电路图

四、实验步骤

① 建立一个新文件。

② 按照图 4.25 仿真电路依次从图符库中拖拽图符至设计界面,双击各个图符进行参数设置。其中,图符 0 是 1 V、传码率为 100 B 的伪随机信号,用一个抽头数为 259 的 FIR 滤波器(图符 17)来近似模拟理想的传输信道,该滤波器的截止频率为 50 Hz,在 60 Hz 处有 −60 dB 的衰落,因此信道的带宽可近似为 50 Hz;图符 4 是一个升余弦滚降滤波器,将伪随机信号变为整型,以保证信号有较高的功率而无码间串扰,滤波器滚降系数为 0.3;图符 3 是高斯噪声;图符 5,6,7 完成接收端信号的抽样判决和整型输出;图符 8,9,15 均是延迟图符。

③ 设置系统时间。其中,Sample Rate=1 000 Hz,No. of Sample=1 024。

④ 实验前,先关闭噪声信号。将经过升余弦滚降滤波器后的信号与原输入信号的波形叠加,如图 4.26 所示。

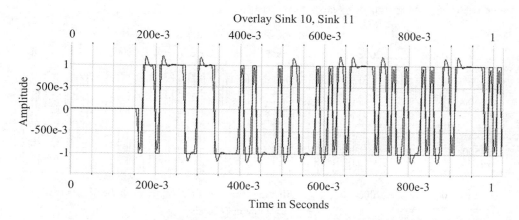

图 4.26　经过升余弦滚降滤波器整型后的信号与原信号的叠加波形

⑤ 加入一定的噪声,运行程序。将发送端输入信号波形与接收端输出信号波形叠加,观察结果,如图 4.27 所示。结果显示信号能正常传输,验证了奈奎斯特第一准则。

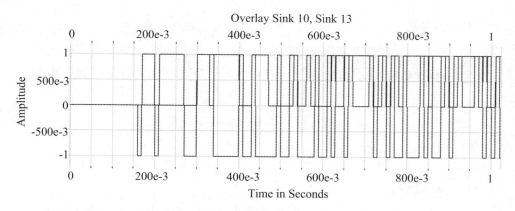

图 4.27　满足奎斯特第一准则时输入信号与输出信号的波形叠加

⑥ 将输入信号的传码率由 100 B 改为 110 B,此时已经不能满足奈奎斯特第一准则的要求。重新运行系统,可观察到传输错误,如图 4.28 所示,改变噪声幅度,错误波形可能增多。

五、实验报告

将实验仿真电路图、经过升余弦滚降滤波器整型后的信号与原信号的叠加波形、满足奈奎斯特第一准则时输入信号与输出信号的叠加波形、不满足奈奎斯特第一准则时输入与输出信号叠加波形分别保存。

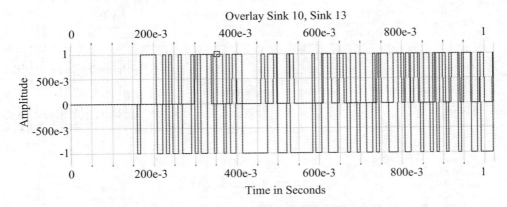

图 4.28 不满足奈奎斯特第一准则时输出信号中出现的错误波形

六、预习要求

预习教材中关于奈奎斯特第一准则的内容,并回顾分析窗口的使用方法。

七、思考题

① 在本实验中,奈奎斯特带宽是多少?
② 为什么将输入信号传码率变为 110 B 时,系统不满足奈奎斯特第一准则?

实验九 数字信号的载波传输

一、实验目的

掌握 2FSK 的调制方式,比较模拟调频法和键控法调制后的信号,并熟练使用 SystemView 软件。

二、实验仪器

计算机。

三、实验原理

如果用数字信号来键控载波的频率,即信号的符号 0 对应于载波频率 f_1,而符号 1 对应于载波频率 f_2(与 f_1 不同的另一载波频率),这种调制称为二进制频移键控(2FSK)。

2FSK 信号的产生方法有两种：一种是模拟调频法；另一种是键控法，即利用受矩形脉冲序列控制的开关电路对两个不同的频率源进行选择，如图 4.29 所示，对应的 SystemView 仿真电路图如图 4.30 所示。

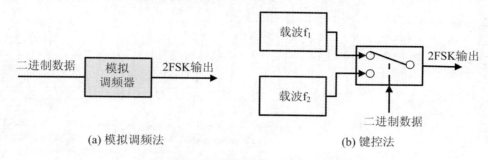

图 4.29　2FSK 信号的产生原理图

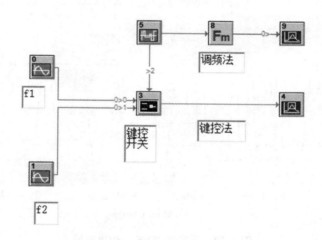

图 4.30　产生 2FSK 信号的仿真电路图

四、实验步骤

① 建立一个新文件。

② 按照图 4.30 仿真电路图依次从图符库中拖拽图符至设计界面，并双击各个图符进行参数设置。其中，图符 0,1 分别是 1 V,50 Hz 和 1 V,100 Hz 的载波信号；图符 3 是延时 0 s 的键控开关；图符 5 是幅度为 0.5 V,频率为 20 Hz 的伪随机序列。

③ 设置系统时间。

④ 运行系统,并进入分析窗口观察运行结果,如图 4.31 和图 4.32 所示。

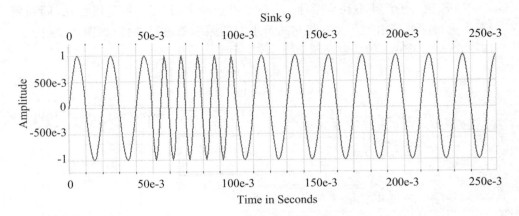

图 4.31　模拟调频法 2FSK 的输出波形

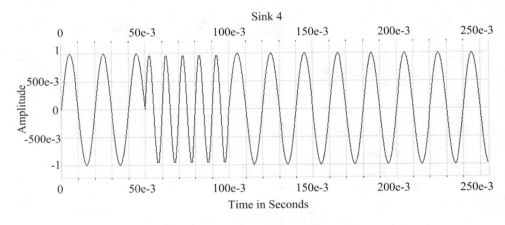

图 4.32　键控法 2FSK 的输出波形

五、实验报告

将实验仿真电路图、模拟调频法 2FSK 的输出波形、键控法 2FSK 的输出波形分别保存。

六、预习要求

预习教材中关于 2FSK 调制与解调的内容,并回顾分析窗口的使用方法。

七、思考题

对比模拟调频法 2FSK 和键控法 2FSK 的输出波形,二者有何区别?为什么?

实验十 模拟信号的数字传输

一、实验目的

掌握信号采样与恢复的基本原理,并熟练使用 SystemView 软件。

二、实验仪器

计算机。

三、实验原理

采样定理论述了在一定条件下,一个连续时间信号完全可以用该信号在等时间间隔上的瞬时值表示。这些值包含了该连续信号的全部信息,利用这些值可以恢复原信号。采样信号是连续时间信号与离散时间信号之间的桥梁。采样信号在一定条件下可以恢复到原信号。只要用一个截止频率等于原信号频谱中最高频率 f_{max} 的低通滤波器滤除高频分量,就可得到包含原信号频谱全部内容的信号,故在低通滤波器输出端可以得到恢复后的原信号。信号的采样与恢复仿真电路图如图 4.33 所示。

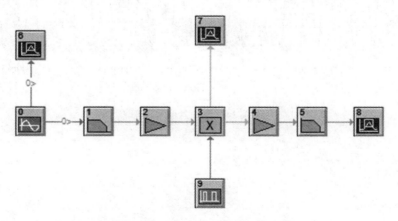

图 4.33 信号的采样与恢复仿真电路图

原信号得以恢复的条件是 $f_s \geq 2f_{max}$（f_s 为采样频率，f_{max} 为原信号的最高频率）。当 $f_s < 2f_{max}$ 时，采样信号的频谱会发生混叠，从发生混叠后的频谱中无法用低通滤波器获得原信号频谱的全部内容。在实际使用中，仅包含有限频率的信号是极少的，因此即使 $f_s = 2f_{max}$，恢复后的信号还是难免会失真。

本实验中选用 $f_s \geq 2f_{max}$，$f_s < 2f_{max}$，$f_s = 2f_{max}$ 三种采样频率对连续信号进行采样，以验证采样定理。

四、实验步骤

① 建立一个新文件。

② 按照图 4.33 仿真电路图依次从图符库中拖拽图符至设计界面，并双击各个图符进行参数设置。其中，图符 0 是 1 V，100 Hz 的正弦模拟信号源；图符 9 是脉宽为 1 μs 的窄脉宽矩形抽样信号；图符 5 是三阶低通巴特沃斯滤波器，用于恢复信号。

③ 设置系统时间。

④ 分别将抽样信号的抽样频率设置为 100 Hz，200 Hz，500 Hz，对原输入信号波形与抽样恢复后的波形进行对比观察和分析。

⑤ 运行系统，并进入分析窗口观察运行结果，如图 4.24～图 4.27 所示。

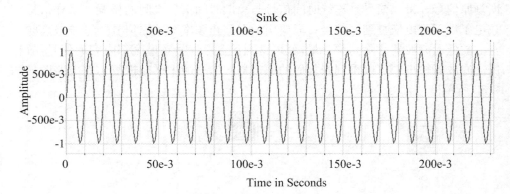

图 4.34　原输入信号波形

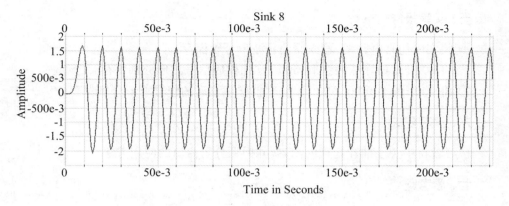

图 4.35　经 500 Hz 抽样恢复后的波形

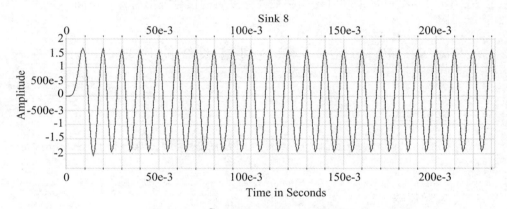

图 4.36　经 200 Hz 抽样恢复后的波形

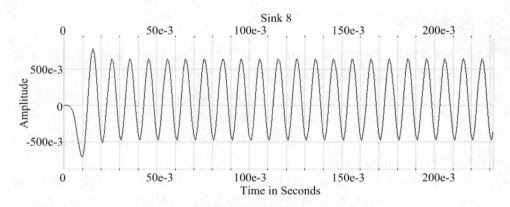

图 4.37　经 100 Hz 抽样恢复后的波形

五、实验报告

① 将实验仿真电路图、输入原信号波形分别保存。
② 将 500 Hz 抽样脉冲波形、500 Hz 抽样后信号波形分别保存。
③ 将 100 Hz,200 Hz,500 Hz 频率抽样恢复后的信号波形分别保存。

六、预习要求

预习教材中关于抽样定理的内容,并回顾分析窗口的使用方法。

七、思考题

① 如何设置本实验仿真电路图中低通滤波器的截止频率?
② 100 Hz,200 Hz,500 Hz 频率抽样恢复后的信号波形有什么不同?为什么?

实验十一 扩频通信系统的仿真

一、实验目的

掌握 PCM(脉冲编码调制)的基本原理及解调原理,熟练使用 SystemView 软件。

二、实验仪器

计算机。

三、实验原理

扩频技术即扩展频谱技术,一般是指使用比信号带宽宽得多的频带宽度来传输信息的技术。常见的扩频类型有:直接序列(DS)扩频、跳频(FH)扩频、跳时(TH)扩频和线性调频(Chirp)扩频等。本实验以直接序列扩频为例进行仿真和研究。

直接序列扩频调制就是载波直接被伪随机序列调制,其基本原理如图 4.38 所示。在一般情况下,调制方式可以是调幅、调频、调相和其他任何形式的振幅和角度调制,但最常使用的就是差分相移键控(DPSK)方式。

在发射机端,先将要传送的信息转换成二进制数据或符号,与伪随机码(PN)进行模 2 和运算后形成复合码,再用该复合码去直接调制载波。为提高发射机的工作效率和发射功率,扩频系统中一般采用平衡调制器抑制载波的平衡调制,这对提高扩频信号的抗侦破能力十分有利。在接收机端,采用与发射机端完全同步的 PN 码对接收信号进行解扩,之后经解调器还原输出原始数据信息。

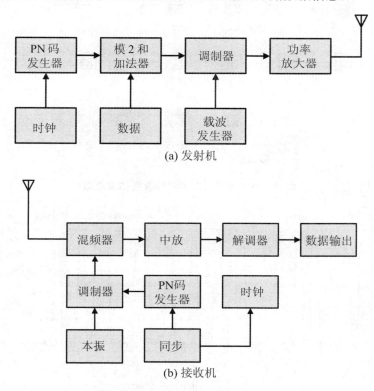

图 4.38 直接序列扩频系统原理图

四、实验步骤

① 建立一个新文件。

② 按照图 4.39 仿真电路图依次从图符库中拖拽图符至设计界面,双击各个图符进行参数设置。其中,图符 0 是 1 kHz 的伪随机序列信号,通过一个 1 kHz 的低通滤波器(图符 1);图符 9 是扩频用的 PN 码,采用 10 kHz 频率,这样理论上可以获得 10 倍的扩频增益;扩频调制通过乘法器(图符 2)直接用 PN 码调制数据信号,合成后的扩频复合信号直接用更高的载波(图符 10:100 kHz)进行调制发送;图符 14 是一个干扰信号源,本实验采用 90 kHz~120 kHz 的扫频脉冲信号源(也可以是高斯噪声)。

③ 设置系统时间。

④ 运行系统,并进入分析窗口观察运行结果,如图 4.40~图 4.43 所示。

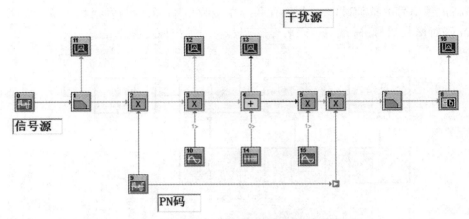

图 4.39　简化的直接序列扩频系统仿真电路图

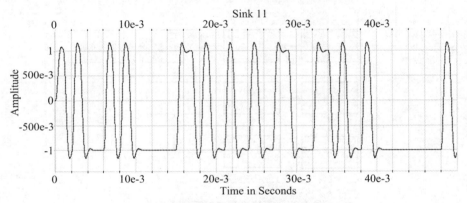

图 4.40　经滤波器预处理后的输入信号波形

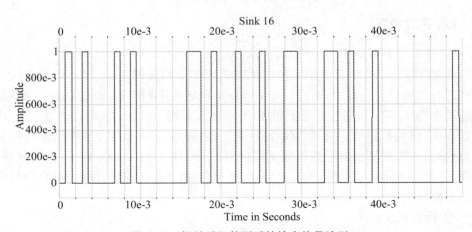

图 4.41　解扩后经整型后的输出信号波形

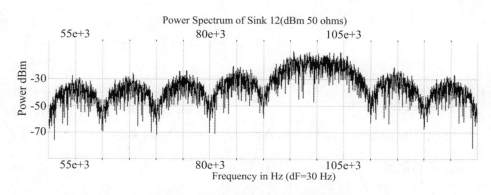

图 4.42　未加干扰前的已调信号频谱图

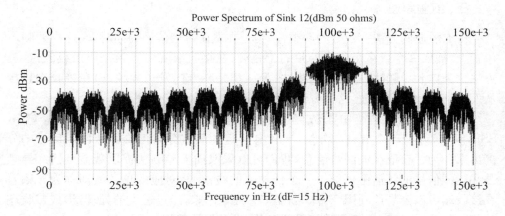

图 4.43　加入干扰后的已调信号频谱图

五、实验报告

将实验仿真电路图、经滤波器预处理后的输入信号、解扩后经整型后的输出信号，以及未加干扰前和已加干扰后的已调信号频谱分别保存。

六、预习要求

预习教材中关于扩频技术的内容，重点预习直接序列扩频部分，并回顾分析窗口的使用方法。

七、思考题

① 如何设置本实验中低通滤波器（图符 1,7）的截止频率？
② 对比加入干扰前后已调信号的频谱图，分析二者的区别。

实验十二　通信系统的同步原理

一、实验目的

掌握相干解调的载波同步原理，熟练使用 SystemView 软件。

二、实验仪器

计算机。

三、实验原理

提取载波的方法一般分为两类：一类是在发送有用信号的同时，在适当的频率位置上，插入一个或多个称作导频的正弦波，在接收端就由导频提取出载波，这类方法称为插入导频法，也称外同步法；另一类是不专门发送导频，而在接收端直接从发送信号中提取载波，这类方法称为直接法，也称自同步法。

在抑制载波的系统中无法直接从接收信号中提取载波。例如，DSB，VSB，SSB，2PSK 本身不含有载波分量，或含有一定的载波分量但难以从已调信号中分离出来。为了获取载波同步信息，我们可以采取插入导频法提取载波。插入导频是在已调信号的频谱中再加入一个低功率的线谱（其对应的正弦波即称为导频），在接收端可以容易地利用窄带滤波器把它提取出来，经过适当的处理，形成接收端的相干载波。显然，导频应当与载频有关，或者就是载频。

本实验采用在抑制载波的双边带（DSB）中插入导频的方法。图 4.44 所示的为插入导频法的原理图，插入的导频并不是加入调制器的载波，而是将该载波移相 90°后的"正交载波"。

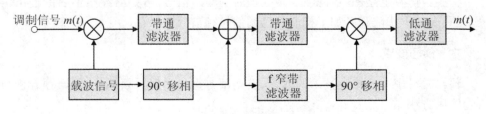

图 4.44　插入导频法的原理图

四、实验步骤

① 建立一个新文件。

② 按照图 4.45 仿真电路图依次从图符库中拖拽图符至设计界面，双击各个图符进行参数设置。其中，图符 0 是调制信号；图符 2 是载波信号，频率为 1 kHz，它的一个输出端（正弦端）与乘法器相连，另一个正交输出端（余弦端）直接经过一个反相器与加法器相连，并未使用移相 90°电路；图符 5 是一个带通滤波器，采用 7 阶椭圆形滤波器；图符 6 是一个窄带滤波器，采用抽头数为 1 026 的 FIR 滤波器；图符 8 是延时器，用来代替移相电路，延时 250 ns，则经过延时后的信号与原信号是正交的。

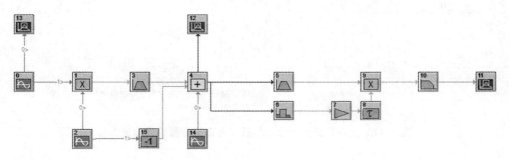

图 4.45 插入导频法载波同步仿真电路图

③ 设置系统时间。

④ 运行系统，并进入分析窗口观察运行结果，如图 4.46 和图 4.47 所示。

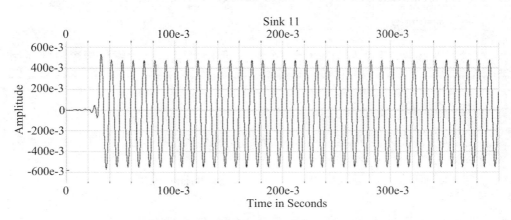

图 4.46 使用正交导频调制后不含直流成分的调制波形图

通过观察仿真输出结果发现，当发射端使用 90°移相后的正交载波作为导频信号时，在接收端低通滤波器的输出中没有直流分量，如图 4.46 所示。而将载波频率的信号直接作为导频信号时，在接收端低通滤波器中可以观察到直流分量，如图 4.47 所示，这个直流分量将通过低通滤波器对数字信号产生影响，这就是要在发射端插入正交导频信号的原因。

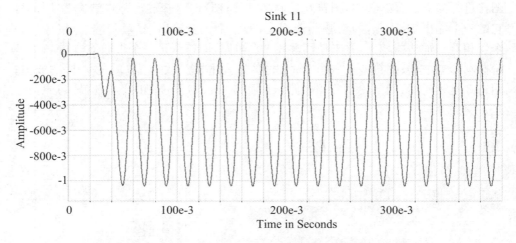

图 4.47 使用非正交导频调制后包含直流分量的调制波形图

五、实验报告

将实验仿真电路图、使用正交导频调制后不含直流分量的调制波形图、使用非正交导频调制后包含直流分量的调制波形图分别保存。

六、预习要求

预习教材中关于窄带调频和解调、载波同步的内容,并回顾分析窗口的使用方法。

七、思考题

① 在仿真电路图中采用延时电路代替移相 90°时,为什么将延时设置为 250 ns?

② 在 DSB 信号中插入导频时,如何选取导频的插入位置?

第五章　数字图像处理实验

"数字图像处理"课程是电子类专业本科生的重要专业课程之一。数字图像处理(Digital Image Processing)是一门实践性较强的技术,因此相关实验在课程中占有重要地位。图像处理技术的迅速发展和在当今社会中的广泛应用,对"数字图像处理"课程的教学提出了新的更高的要求。

本实验涵盖了"数字图像处理"课程中较为重要的知识点,从介绍图像的基本格式及在计算机中存在形式切入,对图像的基本处理,如代数运算、图像增强、图像的分割等算法,进行实验设计,然后通过简单的应用实例完成图像的描述与识别这一综合实验的设计,目的是对图像处理的基本内容进行编程实践指导。

该实验内容主要通过软件编程来完成,考虑到实验学时的限制以及让学生掌握各种基本图像处理算法原理的目的,推荐采用 MATLAB 软件来完成实验内容。MATLAB 是由美国 MathWorks 公司发布的主要面向科学计算、可视化及交互式程序设计的高科技计算环境。MATLAB 可以进行众多的数学运算,已被广泛应用于工程计算信号处理与通信、图像处理等领域。该软件的图像处理工具箱中包含了大多数的通用图像处理算法,可以方便快捷地对各种算法进行编程实现。而学有余力的学生,则可以在掌握算法的基础上采用 VC++ 等软件对算法进行实现。

实验一　数字图像处理基础

一、实验目的

① 掌握常用的图像格式。
② 熟习采用 MATLAB 软件对图像进行读写及显示。
③ 掌握对图像进行基本运算的方法和原理。

二、实验仪器

PC,MATLAB 软件,实验所需图像。

三、实验内容

练习使用 MATLAB 软件对图像进行读写、格式转换,以及简单运算,并显示处理后的结果。

四、实验原理

1. 数字图像的表示和基本类别

一幅图像可以被定义为一个离散的二维矩阵,矩阵中每一个元素的值给出了该坐标位置下像素点的幅度(亮度)。灰度指明了黑白图像的亮度,而彩色图像是由三幅独立的分量图像(红、绿、蓝图)组成的。因此,黑白图像的处理算法一般也适用于彩色图像处理。

MATLAB 采用矩阵来表达图像,矩阵的元素和图像的像素之间有着十分自然的对应关系。根据图像数据矩阵元素数值的不同,MATLAB 把图像分为灰度图像(Intensity Images)、二值图像(Binary Images)、索引图像(Indexed Images),以及 RGB 图像(RGB Images)四类。

对于灰度图像,其一般为 unit8 型的二维矩阵,每个元素的取值范围为[0,255],这里 0 表示黑色,255 表示白色。二值图像则是一种元素取值只能取 0 或 1 的二维矩阵,这里 0 为黑,1 为白,其数据类型为 logical 类型。索引图像使用了索引颜色,索引颜色通常也称为映射颜色,在这种模式下,颜色都是预先定义的,并且最多只能定义 256 种颜色。索引颜色图像在图像文件里定义,当打开该文件时,构成该图像具体颜色的索引值就被读入程序中,根据索引值可找到最终的颜色。RGB 图像则是一个 $M\times N\times 3$ 的矩阵,其中每一个像素点由对应的红、绿、蓝三个分量组成。

2. 读取图像文件

MALAB 通过 imread 函数来完成图像文件的读取操作。其调用语法格式为

   I=imread('filename','fmt') 或 I=imread('filename.fmt')

其功能为将名为 filename、扩展名为 fmt(表示图像文件格式)的图像数据读入以 I 命名的矩阵中。MATLAB 支持多种图像文件格式的读、写和显示。因此,参数.fmt 可以写为如下格式:

'bmp'	Windows 位图格式
'jpg'or'jpeg'	联合图像专家组格式
'tif'or'tiff'	标志图像文件格式
'gif'	图形交换格式
'pcx'	Windows 画刷格式

'png'　　　　　　可移动网络图形格式
'xwd'　　　　　　X Window Dump 格式
例如,命令行
$$\gg I=imread('lena.jpg');$$
表示将 .JPEG 图像 lena 读入图像矩阵 I 中。

3. 保存图像文件

MALAB 通过 imwrite 函数完成图像的输出和保存操作,其调用格式为
$$imwrite(I,'filename','fmt') \quad 或 \quad imwrite(I,'filename.fmt');$$
其中,I,filename 和 fmt 的意义同上。

4. 图像文件的显示

一般来说,在 MATLAB 软件中可以通过 imshow 函数来显示图像,其调用格式为
$$imshow(I)$$
例如,下面的语句用于显示一幅图像:
$$\gg I=imread('lena.jpg');$$
$$\gg imshow(I);$$

5. 常用的图像类型转换

以灰度图像为主进行实验,如果给出的实验图像为彩色的,则需要将类型转换为灰度图像。MALAB 通过 rgb2gray 函数来完成图像文件的彩色到灰度的转换。其调用语法格式为
$$G=rgb2gray(C)$$
表示将彩色图像 C 转换为灰度图像 G。

6. 图像的基本运算

(1) 图像的加法运算

图像相加一般用于对同一场景的多幅图像求平均效果,以便有效地降低具有叠加性质的随机噪声。在 MATLAB 中,可以调用 imadd 函数来实现图像的加法运算,其调用格式为
$$C=imadd(A,B)$$
表示将图像 A,B 相加后的结果放到图像 C 中。

(2) 图像的减法运算

图像的减法也称为差分法,是一种常用于检测图像变化及运动物体的图像处理方法。在 MATLAB 中,使用 imsubtract 函数可以将一幅图像从另一幅图像中减去,或者从一幅图像中减去一个常数,其调用格式为
$$C=imsubtract(A,B)$$

表示将图像 A 和 B 相减后的结果放到图像 C 中。

(3) 图像的乘法运算

用两幅图像的乘法运算可以实现掩模操作,即屏蔽掉图像的某些部分。特别是,一幅图像乘以一个常数将改变图像的亮度:若被乘常数大于 1,那么将增强图像的亮度,小于 1 则会使图像变暗。在 MATLAB 中,使用 immultiply 函数实现两幅图像的乘法运算(点乘),调用格式为

$$C = immulitply(A,B)$$

表示将图像 A 和 B 相乘后的结果放到图像 C 中。

(4) 图像的除法运算

MATLAB 通过 imdivide 函数完成图像的除法运算(点除)。imdivide 函数对两幅输入图像的所有相应像素执行元素对元素的除法操作(点除),并将得到的结果作为输出图像的相应像素值,调用格式为

$$C = imdivide(A,B)$$

表示将图像 A 和 B 相除后的结果放到图像 C 中。

五、实验步骤

① 在 MATLAB 软件中读入一幅彩色图像并显示。

② 将读入的彩色图像转换为灰度图像并显示,比较两类图像的异同。

③ 将灰度图像保存为名称是 gray.jpg 的图像文件。

④ 读入两幅灰度图像 A 和 B,求取相加后的结果图像 C 并显示结果。

⑤ 用第④步得到的结果图像 C 减去原始图像 B,得到结果图像 D 并显示结果。

⑥ 将图像 A 与固定值 20,80 分别相加并显示结果。

⑦ 将图像 A 与固定值 20,80 分别相减并显示结果。

⑧ 将图像 A 与固定值 1.1,1.5 分别相乘并显示结果。

⑨ 将图像 A 与固定值 1.1,1.5 分别相除并显示结果。

⑩ 实验完毕后,提交一份实验报告。

六、实验报告

描述实验的基本步骤,用数据和图片给出在各个步骤中取得的实验结果,并进行必要的讨论,图像必须包括原始图像及计算/处理后的图像。

七、预习要求

① 掌握 MATLAB 软件的基本使用方法。

② 掌握数字图像的基本概念。
③ 熟习图像的格式类别。
④ 熟习图像基本运算的原理。

八、思考题

① 若分别读入空间分辨率为 $M×N$ 的灰度图像和彩色图像,得到的矩阵的维数是否相同? 如果不同,分别是几维的矩阵?

② 若图像 A 和 B 相加后得到图像 C,用图像 C 减去图像 B 得到图像 D,图像 A 和 D 图像是否相同? 为什么?

③ 将图像 A 乘以 1.5 后再除以 1.5,能否得到原始图像 A? 为什么?

实验二 图 像 增 强

一、实验目的

① 掌握直方图的统计方法,以及采用直方图均衡化对图像进行增强的原理和方法。

② 了解常用的噪声类型,掌握用 MATLAB 对图像进行滤波的方法,了解几种不同滤波方法的异同和使用的场合。

二、实验仪器

PC,MATLAB 软件,实验所需图像。

三、实验内容

① 给定一幅实验图像,求出其直方图并显示,进而对其进行直方图均衡化操作,比较均衡化前后直方图的形状及图像的区别,分析区别产生的原因和直方图均衡化的作用。

② 给定一幅实验图像,通过加入不同类型的噪声生成相对应的噪声图像。采用不同尺度的均值滤波和中值滤波模板对其进行滤波,比较并归纳不同滤波器的效果及其适用的噪声类型。

四、实验原理

1. 直方图

在一般的图像处理中,希望被处理图像具备较好的对比度,这就需要了解图像的灰度分布情况。图像的灰度直方图直观地给出了图像中的像素亮度分布情况,因此通过直方图可以判断灰度分布是否符合要求,在此基础上可以进一步通过直方图均衡化等处理对图像的质量进行调整。

(1) 直方图的统计

假设一幅数字图像的像素总数为 N,在范围 $[0,T]$ 内共有 L 级灰度,其直方图定义为离散函数 $h(r_k)=n_k$: r_k 是区间 $[0,T]$ 内的第 k 级的亮度, n_k 是灰度级为 r_k 的图像中的像素数。

为了更直观地对不同的直方图进行对比计算,通常会将直方图中所有元素 $h(r_k)$ 除以图像中的像素总数 N 而得到归一化后的直方图,即

$$p(r_k) = \frac{h(r_k)}{N} = \frac{n_k}{N} \quad (k=1,2,\cdots,L)$$

其中, $p(r_k)$ 表示灰度级 r_k 出现的频数。

在 MATLAB 软件中采用 imhist 函数来计算和显示图像的直方图,其调用格式为

$$\text{imhist}(I,b)$$

其中,I 为输入图像,b 为指定的灰度级数,默认值为 256。

归一化直方图则可使用下式来获得,即

$$q = \text{imhist}(I,b)/N$$

其中,N 为图像中的像素总数,q 为归一化后的直方图。

(2) 直方图均衡化

直方图均衡化是指将一已知灰度概率密度分布的图像,经过某种变换,变成一幅具有均匀灰度概率密度分布的新图像。此时图像扩展了像素取值的动态范围,从而达到增强图像整体对比度的效果。

设一幅图像总像素总数为 N,灰度级数为 L,第 k 级灰度 r_k 出现的频数为 n_k,则第 k 级灰度出现的概率为

$$p_r(r_k) = \frac{n_k}{N} \quad (0 \leqslant r_k \leqslant 1, k=0,1,\cdots,L-1)$$

此时变换函数可表示为

$$s_k = T(r_k) = \sum_{j=0}^{k} p_r(r_j) = \sum_{j=0}^{k} \frac{n_j}{N} \quad (0 \leqslant r_k \leqslant 1, k=0,1,\cdots,L-1)$$

根据原图像的直方图统计值就可算出均衡化后各像素的灰度值。直方图上灰度分布较密的部分被拉伸,灰度分布较稀疏的部分被压缩,使图像对比度总体上得到增强。

MATLAB 图像处理工具箱提供了直方图均衡函数 histeq,其调用格式为

$$J = \text{histeq}(I,n)$$

其中，n 是均衡化后的灰度级，是一个可选参数，缺省值是 64。

2. 降噪处理

在进行图像处理前，除了要观察图像的灰度分布是否符合要求外，一般还要对图像进行降噪处理。噪声的去除可以在空间域中进行，基本方法是求以目标像素为中心区域的平均值或中值。这里对常用噪声函数和滤波函数进行简要介绍。

（1）噪声函数

MATLAB 用 imnoise 函数来对图像加入噪声，其调用格式为

$$J = imnoise(I, 'type', parameters)$$

其中，I 是输入图像，J 是对 I 添加噪声后的输出图像。表 5.1 列出了 imnoise 函数能够产生的五种噪声及其对应参数。

表 5.1 噪声种类及参数说明

种 类	参 数	说 明
gaussian	u, v	均值为 u、方差为 v 的高斯噪声。默认值 u=0, v=0.01
localvar	v	均值为 0、方差为 v 的高斯白噪声
passion	无	泊松噪声
salt & pepper	d	噪声强度为 d 的椒盐噪声。默认值 0.05
speckle	v	均值为 0、方差为 v 的均匀分布随机噪声

（2）均值滤波

在空域中对图像进行滤波是通过邻域操作来完成的，根据模板来对相应输入图像邻域内的像素进行运算得到滤波后的图像。

MATLAB 用 imfilter 函数进行模板运算，从而实现对图像的滤波处理，其调用格式为

$$B = imfilter(A, H)$$

表示返回图像 A 经算子 H 滤波后的结果。

上述滤波函数的参数 H 可以是自定义的滤波器模板，也可以是 MATLAB 提供的预定义滤波器模板。函数 fspecial 生成滤波所用的预定义模板，其调用格式为

$$H = fspecial('type')$$
$$H = fspecial('type', parameters)$$

其中，参数 type 指定滤波器的种类，parameters 是与滤波器种类有关的具体参数。

表 5.1 中通过对图像像素邻域求平均值来完成均值滤波，所用到的语句如下：

>> H=fspecial('average',3);   %生成尺度为 3 的均值滤波算子

>> B=imfilter(A,H);   %利用生成的均值滤波算子对输入图像 A 滤波得到图像 B

(3) 中值滤波

中值滤波是实践中最常用的非线性平滑滤波器。其滤波原理是,对目标像素取一个邻域,选取所有邻域像素的灰度中间值作为输出像素值。在 MATLAB 中其调用格式为

$$B = medfilt2(A)$$
$$B = medfilt2(A, [M\ N])$$

其中,A 是输入图像,B 是经中值滤波后的输出图像,[M N]指定滤波模板的大小,默认大小为 3×3。

五、实验步骤

利用 MATLAB 提供的函数读入一幅灰度图像,并进行如下实验操作:

① 求取并绘制灰度图像的直方图和归一化直方图。

② 对图像进行均衡化处理,显示均衡化后的图像及对应的直方图。

③ 分析均衡化前后图像的变化及其直方图的变化,并思考为何发生这样的变化。

④ 重新读入实验图像,并对图像添加灰度均值为 0、方差分别为 100,300 的高斯噪声。

⑤ 分别用尺寸为 3×3 和 5×5 像素的均值滤波器及中值滤波器对噪声图像进行滤波,观察滤波后图像增强的效果。

⑥ 重新读入实验图像,并对图像添加噪声强度分别为 0.05,0.15 的椒盐噪声。

⑦ 分别用尺寸为 3×3 和 5×5 像素的均值滤波器及中值滤波器对噪声图像进行滤波,观察滤波后图像增强的效果。

⑧ 讨论滤波器的尺度、噪声的类型对滤波效果的影响。

⑨ 实验完毕后,提交一份实验报告。

六、实验报告

描述实验的基本步骤,用数据和图片给出在各个步骤中取得的实验结果,并进行必要的讨论,图像必须包括原始图像及计算/处理后的图像。

七、预习要求

① 熟习图像读写和显示。

② 理解图像直方图的概念及用途。

③ 理解直方图均衡化的概念及应用背景。

④ 熟习均值滤波的原理。
⑤ 熟习中值滤波的原理。

八、思考题

① 一幅图像对应唯一的直方图吗？一个直方图对应唯一的图像吗？试通过举例说明。

② 直方图经均衡化后得到的图像是绝对均衡的吗？为什么？

③ 根据实验结果，综合评价均值滤波器和中值滤波器对高斯噪声和椒盐噪声的去噪效果。

实验三　图　像　分　割

一、实验目的

① 了解基于阈值的图像分割方法。
② 了解基于边缘的图像分割方法。
③ 掌握常用的边缘检测算子。

二、实验仪器

PC，MATLAB 软件，实验所需图像。

三、实验内容

给定一幅实验图像，完成下属内容：
① 用直接观察法选择直方图谷底阈值完成图像分割。
② 实现用 otsu 法进行图像分割。
③ 采用常用的检测算子（sobel 算子、roberts 算子、prewitt 算子等）完成对图像的边缘检测。

四、实验原理

图像分割是数字图像处理中最基础的内容之一，通过某种方法把图像划分成具有某种共性的互不交叠的区域的集合。这些分割后的各个区域同时满足均匀性和连通性的条件。实验中主要对阈值法和边缘法两类分割方法进行初步的算法实现。

1. 阈值法

阈值法的基本原理是确定一个阈值,然后把每个像素点的像素和阈值相比较,根据比较的结果把像素划分为两类——前景(像素为 1)或背景(像素为 0),从而得到分割后的二值图像。由此可看出,该方法的关键在于如何确定最优的阈值。常用的阈值确定方法有直接观察法、类间最大方差法(otsu 法)等。

(1) 直接观察法

该方法可以通过直接观察目标图像的直方图分布确定:如果直方图呈较明显的双峰分布,那么双峰之间的谷底对应的值就是比较理想的图像分割阈值 T。设原图像为阈值法 $f(x,y)$,在确定阈值 T 后即可通过下式得到分割后的图像 $g(x,y)$:

$$g(x,y)=\begin{cases}1 & f(x,y)>T\\ 0 & f(x,y)\leqslant T\end{cases}$$

MATLAB 通过相应的分割函数得到分割后的二值图像,函数的调用格式为

$$B = \text{im2bw}(A,T)$$

其中,A 为输入图像,B 为输出图像,T 为归一化后的分割阈值,其取值范围为 0~1,假设已确定分割的灰度阈值为 150,则 T=150/255=0.59。

(2) 类间最大方差法(otsu 法)

该方法由日本学者 otsu(佑树)提出,所以又称为 otsu 法。其基本思想是确定一个分割阈值,使得划分后的背景与前景的类间方差最大。设图像 I 中,灰度为 G 的像素数目为 n_i,令像素总数为 N,则各灰度出现的概率也即其直方图为 $p_i=\dfrac{n_i}{N}$。设以 T 为分割阈进行分割得到两个区域:区域 A,灰度为 $1,2,\cdots,T$ 的像素;区域 B,灰度为 $T+1,T+2,\cdots,L$ 的像素。两个区域所占概率分别为 $w_A=\sum\limits_{i=1}^{T}p_i=w(k)$ 和 $w_B=\sum\limits_{i=T+1}^{L}p_i$。假设 A 和 B 的平均灰度分别为 μ_A,μ_B,而整体图像的灰度均为 μ,令分割阈值 T 分别从 1 到 L 取值,按下式计算类间方差:

$$\sigma^2 = w_A(\mu_A-\mu)^2 + w_A(\mu_A-\mu)^2$$

使上式最大的 T 即为最优分割阈值。

MATLAB 通过 graythresh 函数采用 ostu 法获取分割阈值,函数的调用格式为

$$\text{level}=\text{garythresh}(A)$$

其中,A 为输入图像,level 为获取的分割阈值。获取阈值后即可通过 B = im2bw(A,level)得到分割后的图像 B。

2. 边缘法

边缘检测不但是图像分割,而且是目标区域的识别、区域形状提取等图像分析

十分重要的基础,在工程应用中占有十分重要的地位。一般来说,边缘检测以原始图像为基础,利用一阶或二阶方向导数来观察图像中的各个像素在某领域内的灰度变化,以此变化为依据来检测边缘。常用的边缘检测方法有 roberts 边缘检测算子、sobel 边缘检测算子、prewitt 边缘检测算子等。

① roberts 算子根据任意一对互相垂直的差分可用来计算梯度的原理,采用对角线方向相邻两像素之差进行计算,其计算模板如图 5.1 所示。

-1	0		0	-1
0	1		1	0

图 5.1　roberts 算子的检测模板

② sobel 算子则针对数字图像的每个像素,考察上、下、左、右邻点灰度的加权差,与之接近的邻点的权大。据此,sobel 算子的模板如图 5.2 所示。

-1	-2	-1		-1	0	1
0	0	0		-2	0	2
1	2	1		-1	0	1

图 5.2　sobel 算子的检测模板

③ prewitt 算子利用像素点上、下、左、右邻点的灰度差检测边缘,其原理是在图像空间利用两个方向的模板与图像进行邻域卷积,这两个方向的模板一个用于检测水平边缘,另一个用于检测垂直边缘。

-1	-1	-1		-1	0	1
0	0	0		-1	0	1
1	2	1		-1	0	1

图 5.3　prewitt 算子的检测模板

MATLAB 通过边缘检测函数 edge 来完成上述算子的检测操作,其调用格

式为

$B = \text{edge}(A, '\text{method}')$;   %采用 method 算子对 A 检测得到边缘图像 B, 自动确定检测阈值

$B = \text{edge}(A, '\text{method}', \text{thresh})$;   %采用 method 算子对 A 检测得到边缘图像 B, 检测阈值为 thresh

其中，method 参数包括上述的边缘检测子 sobel,prewitt,roberts 等。例如，要采用 soble 算子检测边缘，可以写为

$B = \text{edge}(A, '\text{sobel}')$

五、实验步骤

① 读入实验图像，统计其直方图，观察谷底的位置，并确定分割的阈值。
② 将阈值归一化，采用 im2bw 进行分割，并显示分割后的图像。
③ 采用 graythresh 函数求取原始图像的 ostu 法阈值，采用 im2bw 进行分割，并显示分割后的图像。
④ 比较两类方法的异同，并归纳分割效果。
⑤ 分别采用 roberts 算子、sobel 算子和 prewitt 算子，对原始图像进行边缘检测，并显示检测后的图像。
⑥ 比较三种算子的检测性能，并归纳各自的优缺点。
⑦ 完成实验，撰写实验报告。

六、实验报告

要求描述实验的基本步骤，用数据和图片给出在各个步骤中取得的实验结果，并进行必要的讨论，图像必须包括原始图像及计算/处理后的图像。

七、预习要求

① 熟习图像读写和显示。
② 熟习图像直方图的使用。
③ 理解图像导数和梯度的意义。
④ 熟习边缘检测的原理。

八、思考题

① 直接观察法适合什么场景下的分割？为什么？
② 为什么检测算子有时会有多个检测模板？
③ 使用实验中的几种算子所得到的边界有什么异同？

实验四 图像的描述及识别

一、实验目的

① 掌握统计图像连通域的方法。
② 了解图像连通域的各种特征。

二、实验仪器

PC,MATLAB 软件,实验所需图像。

三、实验内容

给定一幅摄像机标定板图像,求解出其中各标定控制点的图像坐标。

四、实验原理

摄像机的标定是计算机视觉领域中基础且重要的一步,在标定时往往通过标定板来完成。假设在标定板上安装了位置已知的 LED 灯,那么在标定时需要将所拍摄的标定板图像中的每个 LED 灯的图像坐标求解出来。在得到标定图像后,如果图像存在一定的噪声,则需要先用滤波来进行图像增强。由于 LED 灯较高,因此其属于图像中亮度高的部分,而其余背景则较暗,图像呈较明显的双峰图像。在得到图像的直方图后可以用谷底像素作为图像分割阈值,对图像进行分割得到二值图像。

MATLAB 通过 bwlabel 函数对二值图像中的连通域进行标注,函数调用语法为

$$[L, num] = bwlabel(B,c)$$

其中,B 是要标注连通域的二值图像,c 指明了标注时采用 4 连通还是 8 连通(默认为 8 连通),输出 L 称为标记矩阵,参数 num 给出所找到的连通域的个数。

在获得标注连通域的标记矩阵 L 后,可以采用 regionprops 函数获取每一个连通域的坐标、面积、周长等特征属性,函数的调用格式为

$$STATS = regionprops(L, properties)$$

其中,L 输入标定矩阵;properties 指明了想要获得的特征属性,可以是单个字符串,也可以是由逗号分割开的一字符串列表或者包含字符串的单元数组,用以指明多个想要统计的特征属性。具体的使用方法可以参考 MATLAB 帮助文件。返回

值 STATS 是一个长度为连通域个数的结构数组,结构数组的相应域定义了每一个区域相应属性下的度量。例如,下面的语句获取了图像中所有连通域的面积并放到 S 中:

$$S = regionprops(L, 'Area')$$

五、实验步骤

① 读入实验图像,进行滤波处理。
② 求取图像的直方图,获取分割阈值,进行图像分割。
③ 观察图像的分割效果,如果效果不好,就需调整阈值,直到得到较好的分割效果。
④ 对分割得到的二值图像进行连通域标注。
⑤ 获取每个连通域的位置坐标并保存。
⑥ 在原始图像上标注每个连通域的坐标位置(采用 line 或者 plot 函数)。
⑦ 完成实验,撰写实验报告。

六、实验报告

描述实验的基本步骤,用数据和图片给出在各个步骤中取得的实验结果,并进行必要的讨论,图像必须包括原始图像及计算/处理后的图像。

七、预习要求

① 熟习图像读写和显示方法。
② 熟习相关的图像滤波方法。
③ 熟习图像的分割方法。
④ 了解连通域的概念。

八、思考题

① 图像处理的应用大体包含哪几个步骤?各自的作用是什么?
② 标注连通域时,4 连通和 8 连通有什么区别?

参考文献

[1] 谭浩强. C程序设计[M]. 4版. 北京:清华大学出版社,2010.
[2] 彭慧卿. C语言程序设计[M]. 北京:清华大学出版社,2013.
[3] 郑阿奇,曹戈. MATLAB实用教程[M]. 4版. 北京:电子工业出版社,2016.
[4] 陈怀琛,吴大正,高西全. MATLAB及在电子信息课程中的应用[M]. 4版. 北京:电子工业出版社,2013.
[5] 张德丰. MATLAB自动控制系统设计[M]. 北京:机械工业出版社,2010.
[6] 魏晗,陈刚. MATLAB数字信号与图像处理范例实战速查宝典[M]. 北京:清华大学出版社,2013.
[7] 王正林,龚纯,何倩. 精通MATLAB科学计算[M]. 北京:电子工业出版社,2012.
[8] 刘小年,刘庆国. 工程制图[M]. 北京:高等教育出版社,2004.
[9] 唐克中. 画法几何及工程制图[M]. 北京:高等教育出版社,2003.
[10] 邹宜侯. 机械制图[M]. 北京:清华大学出版社,1998.
[11] 赵大兴. 机械制图[M]. 北京:高等教育出版社,2009.
[12] 高俊亭,毕万全,马全明. 工程制图[M]. 北京:高等教育出版社,2009.
[13] 管殿柱. 计算机绘图[M]. 北京:机械工业出版社,2016.

附录　常用图像处理函数

imread,imwrite：图像读写
iminfo：图像信息
imshow：图像显示
imhist：图像直方图
histeq：直方图均衡
fspecial：产生卷积滤波器
conv2：二维卷积滤波
mat2gray：将矩阵转换为图像
im2double：将图像转换为双精度类型
fspecial：产生滤波器
imfilter：图像滤波
filter2：二维滤波
mean：均值
median：中值
max：最大值
min：最小值
imnoise：添加噪声
medfilt2：二维中值滤波
tform：空间变换结构体
immakeform：建立空间变换结构体
imtransform：空间变换
imresize：改变图像大小
imrotate：图像旋转
imcrop：图像剪切
graythresh：计算阈值
im2bw：阈值分割
imerode：形态学腐蚀
imdilate：形态学膨胀
imopen：形态学开运算
imclose：形态学闭运算
bwlabel：连通成分分析